PETIT JUSTINIEN.

Je revêts de ma signature tous les exemplaires de cet ouvrage; et je poursuivrai, selon la rigueur des lois, les contrefacteurs de cette édition.

Paris, le 26 juin 1813.

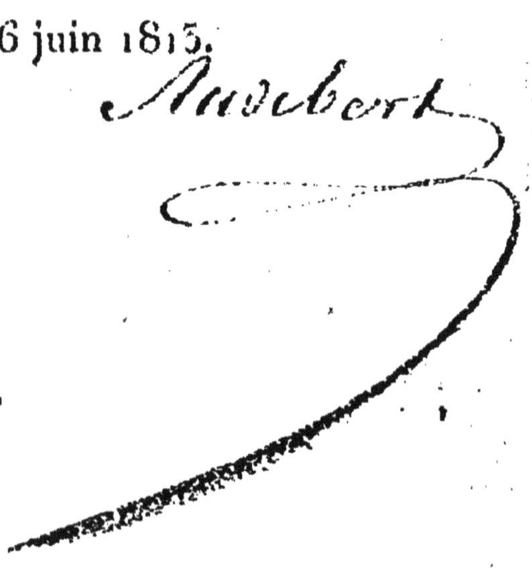

PETIT JUSTINIEN

PAR DEMANDES ET PAR RÉPONSES,

OU

EXAMEN PRÉPARATOIRE,

SUR LES ÉLÉMENTS

DU DROIT ROMAIN.

PAR M. R. N., DOCTEUR EN DROIT.

———— ❊ ————

A PARIS,

AUDIBERT, LIBRAIRE, RUE DE LA COLOMBE, Nº 4,
dans la Cité, par le quai Napoléon, derrière la
maison neuve à colonnes.

1813.

PETIT JUSTINIEN,

PAR DEMANDES ET PAR RÉPONSES.

INTRODUCTION.

Qu'est-ce que le corps de droit ? — C'est le recueil des lois romaines dont une partie a été promulguée, et l'autre mise en ordre par Justinien.

De combien de parties se compose-t-il ? — De quatre parties qui sont les institutes, le digeste ou les pandectes, le code, et les novelles.

Qu'est-ce que les institutes ? — Les institutes sont les premiers éléments du droit, composés par ordre de Justinien et promulgués par lui.

Comment se divisent les institutes ? — En quatre livres ; chaque livre en titres, et le titre en plusieurs articles, dont le premier s'appèle principe, et les autres paragraphes.

Qu'est-ce que le digeste ou les pandectes ? Que signifient ces deux mots ? — Le digeste en les pandectes sont les avis et opinions des anciens jurisconsultes, extraits de leurs ouvrages, et rassemblés dans un seul livre auquel Justinien a donné force de loi.

Ce livre est appelé *digeste*, du mot *digestum* (mis en ordre). On l'appèle aussi *pandectes*, de deux mots grecs παν (tout) δεχομαι (contenir) parce qu'il renferme tout l'ancien droit.

Comment se divise le digeste ? — En cinquante livres ; le livre en titres ; chaque titre en lois ; chaque loi (c'est-à-dire chaque passage extrait d'un jurisconsulte) en principe et paragraphes.

Qu'est-ce que le code ? — Le recueil des constitutions des empereurs, depuis Adrien jusqu'à Justinien inclusivement, mis en ordre et retouché par Justinien, une première fois sous le titre de *code justinien*, une seconde fois, sous celui de *code de seconde édition.*

Comment se divise le code ? — En douze livres; et chaque livre comme ceux du digeste.

Qu'est-ce que les novelles ? — On appèle ainsi de nouvelles constitutions de Justinien, postérieures au code.

Comment se divise une novelle ?— Chaque novelle contient une préface et plusieurs chapitres, qui se divisent en principes et paragraphes.

La législation est-elle la même dans les quatre parties du corps de droit ? — Non. Les novelles ont apporté beaucoup de changements aux trois autres parties. Le code déroge aux instituts et au digeste. Ces deux livres, promulgués en même temps, ne dérogent point l'un à l'autre.

~~~~~~~~~~~~~~~~~~~~~~~~~~~~

LIVRE PREMIER.

TITRE Ier.

De la Justice et du Droit.

Qu'est-ce que la justice ? — La volonté ferme et perpétuelle de rendre à chacun ce qui lui appartient. *Pr.*

Qu'est-ce que le droit ? — L'art de distinguer le juste et l'injuste.

Qu'est-ce que la jurisprudence ? — La connaissance du droit, et par conséquent celle des choses divines et humaines, pour apprendre à distinguer en elles ce qui est juste ou injuste. § 1.

Quels sont les préceptes du droit ? — Il y en a trois : vivre honnêtement ; ne point blesser autrui ; rendre à chacun ce qui lui appartient. § 3.

Comment se partage l'étude du droit ?
~~~~~~~~~~~~~~~~~~~~~~~~~~~~

— En deux branches, qui ont pour objet le droit public, et le droit privé.

Le droit public est celui qui regarde la constitution de l'État.

Le droit privé, celui qui s'occupe de l'intérêt de chacun en particulier; on ne traite ici que du droit privé. § 4.

De quels préceptes se compose le droit privé ? — Il tire ses préceptes du droit naturel, du droit des gens et du droit civil. § 4.

TITRE II.

Du Droit naturel, du Droit des gens et du Droit civil.

Qu'est-ce que le droit naturel ? — Celui que la nature a enseigné à tous les êtres animés. *Pr.*

Qu'est-ce que le droit des gens ? — Celui qui est commun à tous les hommes. §. 2.

Il se divise en deux parties, dont l'une forme le droit des gens primaire : c'est celui que la raison naturelle a établi entre tous les hommes. § 1.

L'autre forme le droit des gens secondaire: c'est celui que les hommes se sont donné eux-mêmes. C'est de ce droit secondaire que sont venus la distinction des propriétés, et presque tous les contrats. § 2.

Qu'est-ce que le droit civil ? — C'est celui que chaque peuple s'est donné lui-même, et qui n'appartient qu'à lui seul.

Comment se forme le droit civil, et comment se divise-t-il ? — Le consentement du peuple, qui forme le droit civil, se manifeste ou expressément par une déclaration formelle, ou tacitement par des usages constamment suivis.

De là la distinction du droit écrit, et du droit non écrit. § 3.

Le droit non écrit est celui qui a été approuvé par l'usage. § 9.

Le droit écrit est celui qui a été approuvé par une déclaration formelle et expresse de la nation ou de ceux qui la représentent.

De quoi se compose le droit écrit ? — De six espèces différentes qui sont : la loi, le plébiscite, le sénatus-consulte, les constitutions, les édits des magistrats, les réponses des prudents. § 5.

Qu'est-ce que la loi ? — Ce que le peuple établissait, sur la proposition d'un magistrat de l'ordre des sénateurs, comme un consul.

Le peuple est la réunion de tous les citoyens. § 4.

Qu'est-ce que le plébiscite ? — Ce que les plébéiens établissaient sur la proposition d'un magistrat plébéien, c'est-à-dire un tribun.

Les plébéiens comprenaient tous les ci-

(6)

toyens, excepté les patriciens et les sénateurs. § 4.

Quelle était la force du plébiscite ?
— Le plébiscite avait même force que la
loi ; non par lui-même, mais en vertu de la
loi *Hortensia*. § 4.

Qu'est-ce que le sénatus-consulte ? — Ce
que le sénat ordonne et établit sur la proposition du prince. § 5.

Le peuple devenu trop nombreux ne pouvait plus être convoqué. Il fut représenté par
le sénat ; et sous Tibère, la loi et le plébiscite furent remplacés par le sénatus-consulte.

*Qu'est-ce qu'une constitution ? Quelle est
sa force ?* — Ce qui plaît au prince. § 6.

La constitution a force de loi, et elle est
même une loi ; parce que le prince exerce le
pouvoir législatif en vertu de la loi *Regia*,
par laquelle le peuple lui a cédé son pouvoir ;
de même qu'il l'avait partagé autrefois avec
les plébéiens par la loi *Hortensia*.

Comment se divisent les constitutions ?
— Il y a trois espèces de constitutions, savoir
les rescrits, les décrets, et les édits.

Le rescrit est la réponse du prince sur une
question qui lui est soumise par un magistrat
ou un particulier.

Le décret est un jugement rendu par le
prince, après avoir examiné la cause et en-
tendu les parties.

L'édit est une ordonnance qu'il rend de son propre mouvement.

Comment se règle l'application des constitutions? — Il faut distinguer parmi les constitutions celles par lesquelles le prince accorde une récompense, ou inflige une punition particulière.

Celles-là ne sont applicables qu'à la personne même qui en est l'objet; encore bien que d'autres se trouvassent dans le même cas : on les appèle priviléges.

Les autres sont d'une application générale. § 6.

Qu'est-ce que les édits des magistrats? — Les édits des magistrats sont des réglemens que les préteurs et les édiles curules donnaient de leur propre mouvement, pour annoncer la manière dont ils rendraient la justice pendant le cours de leur magistrature.

C'est ce qu'on appèle droit prétorien, ou droit honoraire, par opposition aux autres parties du droit civil. § 7.

Les édits des magistrats acquirent une grande autorité, mais inférieure cependant à celle de la loi.

Le changement annuel des magistrats occasionnait de fréquentes mutations dans leurs édits. L'empereur Adrien en fit composer un qui servit dans la suite à tous les préteurs, et fut appelé *l'édit perpétuel.*

Qu'est-ce que les réponses des prudents? — Ce sont les avis et opinions des jurisconsultes. Les jurisconsultes sont ceux qui ont reçu du prince le droit de répondre sur les questions de droit. § 8.

Les écrits de quelques-uns d'entr'eux acquirent tant d'autorité, que l'empereur Théodose, par une constitution formelle, défendit aux juges de s'en écarter.

C'est en vertu de cette constitution que leurs avis font partie du droit écrit.

L'empereur Justinien fit ensuite extraire des livres des jurisconsultes un grand nombre de décisions auxquelles il donna force de loi, et dont la réunion forme les *pandectes* ou le *digeste.*

Le droit peut-il varier, et comment? — Les lois de la nature sont immuables. Quant au droit civil, il est sujet à de fréquents changements.

Chaque partie du droit civil peut être changée, ou par une loi, ou par un usage contraire. § 11.

Quels sont les objets du droit? — Il y en a trois : les personnes, les choses, les actions. § 12.

TITRE III.

Du Droit des Personnes.

Quelle est la principale division sur le droit des personnes ? — Elle consiste en ce que tous les hommes sont libres ou esclaves. § 2.

Qu'est-ce que la liberté ? — La liberté est la faculté naturelle que chacun a de faire ce qui lui plaît, excepté ce dont il est empêché par la violence, ou par le droit. § 1.

Qu'est-ce qu'un esclave ? — Celui qui est soumis à une juste servitude.

Qu'est-ce que la servitude ? — Une constitution du droit des gens, qui, contre le droit naturel, soumet un homme à la domination d'un autre. § 5.

Comment s'établit la servitude ? — Par la naissance ou par un fait postérieur.

Par la naissance, sur les enfants des femmes esclaves. Par un fait postérieur : soit d'après le droit des gens, lorsqu'on est prisonnier dans une guerre légitime; soit d'après le droit civil, de trois manières, 1° lorsqu'un homme âgé de plus de 20 ans se laisse vendre pour partager le prix, § 4; 2° lorsqu'un affranchi, ingrat envers son patron, est remis en servitude; 3° lorsqu'on devient esclave de la

peine, étant condamné aux mines à perpétuité, ou aux bêtes féroces.

*Le droit fait-il quelque distinction entre
les esclaves ?* — Aucune.

Et entre les hommes libres ? — Il les distingue en *ingénus* et *affranchis*. §5.

TITRE IV.

Des Ingénus.

Qu'est-ce qu'un ingénu ? — Celui qui est
libre de naissance.

Que faut-il pour naître libre ? — Il faut
que la mère ait été libre soit à l'époque de la
conception, soit à celle de l'accouchement,
soit dans le temps intermédiaire.

TITRE V.

Des Affranchis.

Qu'est-ce qu'un affranchi ? — Celui qui a
cessé d'être esclave.

Qu'est-ce que l'affranchissement ? — L'affranchissement est le don de la liberté. *Pr.*

Quelles sont les manières d'affranchir ?
— Il y en a plusieurs ; mais on affranchit principalement dans les églises, par la vindicte,
par testament, par lettre, entre amis. § 1.

Combien y a-t-il d'espèces d'affranchis ?
— Depuis Justinien, il n'y en a qu'une. Ils
sont tous citoyens romains. Auparavant il y
avait trois classes d'affranchis , savoir les
citoyens romains, les latins juniens , les déditices. § *ult.*

*Quels étaient les affranchis citoyens ro-
mains ?* C'étaient ceux qui avaient reçu la
liberté par l'une des trois premières manières, après avoir atteint l'âge de 30 ans ,
et d'un maître qui avait sur eux le domaine
quiritaire. § *ult.*

*Quels étaient les Latins juniens ? D'où
leur venait ce nom ?* — Les autres affranchis
étaient appelés Latins juniens, pourvu qu'ils
n'eussent pas été marqués ou mis dans les
fers.

On les appelait Latins, parce qu'ils étaient
assimilés aux peuples du *Latium;* et *Juniens,*
à cause de la loi *Junia Norbana ,* qui avait
établi cette distinction.

Quels étaient les déditices ?—La troisième
espèce des affranchis était celle des déditices.
La loi *Ælia Sentia* avait rangé dans cette
classe les esclaves de mauvaise conduite , et
qui , même après leur affranchissement,
étaient incapables de devenir jamais citoyens
romains.

On les appelait déditices , parce qu'ils

étaient assimilés aux peuples qui s'étaient livrés à discrétion.

Quel changement Justinien a-t-il opéré ? —Justinien accorda d'abord à tous les affranchis la qualité et les droits de citoyen romain.

Ensuite il supprima la différence entre les affranchis et les ingénus, en conservant toutefois au patron certains droits que la loi lui donnait sur la personne et les biens de l'affranchi.

TITRE VI.

Des cas dans lesquels on ne peut pas affranchir.

Quels sont ceux qui peuvent affranchir leurs esclaves ? — Tous ceux à qui la loi ne le défend pas. *Pr.*

Quelles sont les lois qui le défendent ? — Il y en a deux : la loi *Ælia Sentia*, et la loi *Fusia Caninia*.

Quelles sont les dispositions de la loi Ælia Sentia? — Par une première disposition elle défendait d'affranchir en fraude de ses créanciers. Par une seconde, d'affranchir avant l'âge de vingt ans.

Qu'est-ce que la fraude, et dans quel cas empêchait-elle l'affranchissement ? — La fraude consiste dans le tort réel que l'on fait à ses créanciers, jointe à l'intention de leur préjudicier. Ainsi, pour empêcher l'affranchissement, il fallait qu'ils fussent lésés, et par l'insolvabilité, et par l'intention du maître. § 3.

Le maître insolvable ne pouvait-il affranchir aucun esclave? — On permettait au maître insolvable, qui n'aurait eu aucun héritier, d'instituer un esclave, qui alors devenait libre et héritier nécessaire. § 1.

Ne pouvait-on jamais affranchir avant l'âge de vingt ans? — On pouvait affanchir avec un motif légitime, approuvé par un conseil de manumission. § 4.

A quel âge Justinien a-t-il permis d'affranchir? — Justinien n'a rien changé à cette disposition de la loi *Ælia Sentia*, pour les affranchissements entre-vifs; mais par testament, il a permis d'affranchir d'abord à dix-sept, et ensuite à quatorze ans pour les hommes, et à douze ans pour les femmes.

TITRE VII.

De la suppression de la loi Fusia Caninia.

Comment cette loi empêchait-elle d'affranchir? — En fixant le nombre des esclaves auxquels on pourrait donner la liberté par testament.

Qu'est devenue cette loi ? — Elle a été supprimée par Justinien.

TITRE VIII.

De ceux qui dépendent d'eux-mêmes, ou qui dépendent d'autrui.

Quelle est la seconde division sur le droit des personnes ? — Elle consiste en ce que les unes dépendent d'elles-mêmes ; les autres dépendent d'autrui. *Pr.*

Quels sont ceux qui dépendent d'autrui ? — 1° Les esclaves qui sont sous la puissance de leurs maîtres ; 2° les fils de famille qui sont sous la puissance paternelle. § 2.

Quels sont ceux qui dépendent d'eux-mêmes ? — Les pères de famille ; et l'on appèle ainsi quiconque n'est soumis ni à la puissance paternelle ni à la puissance dominicale.

En quoi consiste la puissance dominicale, et quels sont ses effets ? — La puissance dominicale donne au maître le droit de disposer de son esclave comme de sa chose ; d'où résulte, 1° le droit de vie et de mort ; 2° le droit d'acquérir tout ce que l'esclave acquiert. § 1.

De quel droit est cette puissance ; comment a-t-elle été modifiée par le droit civil ?

— Cette puissance est du droit des gens. Mais l'empereur Antonin a mis des bornes à la cruauté et même à la trop grande sévérité des maîtres. § 2.

TITRE IX.

De la puissance paternelle.

Qu'est-ce que la puissance paternelle ? — Le droit donné par la loi civile aux ascendants mâles sur leurs enfants légitimes, légitimés et adoptifs : droit qui les faisait considérer comme étant la chose du père.

Quels en étaient les effets ? — Un droit absolu sur la personne et sur les biens des enfants. Ainsi le père avait droit de vie et de mort, et ses enfants n'acquéraient que pour lui.

A quelles personnes s'étend la puissance paternelle ? — Elle s'étend non seulement à tous les enfants au premier degré, mais encore aux enfants du fils et à tous les descendants par mâles. § 3.

Comment s'acquiert cette puissance ? — Par trois manières, qui sont les noces, la légitimation, l'adoption.

TITRE X.

Des Noces.

Qu'est-ce que les noces ? — L'union légitime de l'homme et de la femme dans une société indivisible pendant leur vie.

Quelles sont les conditions nécessaires pour les noces ? — Il y en a cinq. Il faut, 1° la qualité de citoyen romain ; 2° la puberté ; 3° le consentement des contractants ; 4° le consentement des personnes à la puissance desquelles ils sont soumis ; 5° qu'il n'y ait pas d'empêchement.

Pourquoi exige-t-on dans les contractants la qualité de citoyens romains ? — Parce que les noces sont du droit civil, dont les effets n'appartiènent qu'aux citoyens romains.

Qu'est-ce que la puberté ? — C'est la capacité d'engendrer, présumée d'après l'âge, et fixée à quatorze ans pour les hommes, et à douze ans pour les femmes.

Pourquoi exige-t-on le consentement des pères de famille ? — Parce que le fils de famille étant la chose du père, ne peut pas disposer de soi, sans le consentement de celui dont il dépend.

Combien y a-t-il d'empéchements aux

noces ? — Il y en a cinq, savoir : la parenté, l'alliance, l'honnêteté publique, la puissance et la dignité.

Qu'est-ce que la parenté ? — C'est un lien du sang, ou de la famille, ou du sang et de la famille en même temps ; et de là trois espèces de parenté : naturelle, civile et mixte.

Qu'est-ce que la parenté purement naturelle ? — C'est celle qui est formée par les liens du sang entre des personnes qui cependant ne sont point dans la même famille ; par exemple, entre la mère et ses enfants.

Qu'est-ce que la parenté purement civile ? — C'est celle qui est formée par le lien de famille entre des personnes qui ne sont point issues du même sang ; par exemple, entre un adopté et l'adoptant, et tous les membres de sa famille.

Qu'est-ce que la parenté mixte ? — C'est celle qui est formée et par les liens du sang et par ceux de la famille, comme entre tous les enfants du même père.

La parenté est-elle un empêchement entre tous les parents ? — Non ; il faut distinguer la ligne et le degré dans lesquels sont placés les parents l'un envers l'autre.

Qu'est-ce que la ligne, et combien y en a-t-il ? — La ligne est la suite des générations suivant lesquelles les parents descendent soit les uns des autres, soit d'une souche commune.

Il y a donc deux lignes de parenté : la ligne directe pour ceux qui descendent les uns des autres ; la ligne collatérale, dans laquelle sont placés ceux qui descendent seulement d'un auteur commun.

Qu'est-ce que le degré ; comment se calcule-t-il ? — Le degré est la distance d'un parent à l'autre. Les degrés se comptent par génération. Ainsi, en ligne directe, il y a autant de degrés que de générations, en descendant de l'un des parents à l'autre.

En collatérale on compte les degrés en remontant de l'un des parents à la souche commune, et redescendant de la souche commune à l'autre parent.

Dans quelle ligne et jusqu'à quel degré la parenté empêche-t-elle les noces ? — En ligne directe jusqu'à l'infini ; en collatérale il faut distinguer.

Lorsque l'un des parents n'est qu'à un degré de l'auteur commun, alors il représente un ascendant pour tous ceux qui sont à des degrés plus éloignés de ce même auteur ; et alors le mariage est prohibé à l'infini. Ainsi un oncle ne peut épouser aucun des descendants de son frère.

Lorsque l'un des parents ne représente

point un ascendant pour l'autre, les noces sont permises au quatrième degré.

Qu'est-ce que l'alliance ? — L'alliance est un lien qui se forme par le mariage entre l'un des époux et les parents de l'autre.

Comme il n'y a point de génération dans l'alliance, il n'y a point de ligne ni de degré proprement dits.

Cependant elle est plus ou moins étroite, selon que les alliés de l'un des époux sont parents plus ou moins proches de l'autre.

Alors l'alliance emprunte les degrés et les lignes de la parenté, c'est-à-dire que quand on est parent d'une personne, on est allié de son époux au même degré et dans la même ligne.

Jusqu'où s'étendent les empéchements à raison de l'alliance ? — En ligne directe jusqu'à l'infini ; en collatérale jusqu'au second degré.

Qu'est-ce que l'honnêteté publique ? — C'est un motif de décence qui empêche le mariage entre certaines personnes qui ne sont ni parentes ni alliées : par exemple, entre le père et la fiancée du fils et réciproquement. § 9.

Entre quelles personnes y a-t-il empé-chement à raison de la dignité ? — Entre un sénateur et une affranchie ou une comédienne , et réciproquement entre un affranchi et la fille d'un sénateur , etc.

Et à raison de la puissance ? — Entre les tuteurs et curateurs et la femme soumise à leur puissance , ainsi qu'entre le gouverneur et les femmes de son gouvernement.

Quels sont les effets des noces ? — De donner aux parties le titre d'époux et les avantages attachés par la loi à cette qualité ; de valider la dot et la donation à cause de noces ; de mettre les enfants sous la puissance paternelle.

Quel est le second moyen d'acquérir la puissance paternelle ? — La légitimation, c'est-à-dire l'acte par lequel les enfants naturels qui , au moment de leur naissance , n'étaient point sous la puissance paternelle , y sont ensuite ramenés.

Quels enfants peuvent être légitimés ? — Les enfants naturels , c'est-à-dire nés d'une concubine qui aurait pu être notre épouse légitime. Les enfants nés d'une union illégitime , et à plus forte raison les adultérins et incestueux , ne pouvaient pas être légitimés.

Combien connaît-on de légitimations ? En quoi consiste chaque espèce de légitimation ? — Il y en a trois, savoir : par oblation à la curie, par mariage subséquent, par rescrit du prince.

Les enfants étaient légitimés par oblation à

la curie, lorsque le père les présentait à la curie pour en supporter les charges.

Le mariage du père avec sa concubine légitimait les enfants qu'ils avaient eus auparavant. § 13.

Enfin, la troisième espèce de légitimation était accordée par le prince, lorsque le mariage subséquent était devenu impossible,

TITRE XI.

Des Adoptions.

Quelle est la troisième manière d'acquérir la puissance paternelle ? — L'adoption.

Qu'est-ce que l'adoption ? — Un acte solennel par lequel on prend pour fils ou petit-fils de famille celui qui n'est point sous notre puissance.

Combien distingue-t-on d'adoptions ? — Deux. L'adoption proprement dite, lorsque l'adopté est fils de famille ; l'adrogation, lorsqu'il est père de famille.

La première se faisait devant le préteur, la seconde par rescrit du prince. § 1.

A quel âge peut-on être adrogé ? — Autrefois on ne le pouvait qu'à l'âge de puberté ; mais depuis Antonin un impubère peut être adrogé sous certaines conditions. § 3.

Quels sont les effets de l'adrogation ? —

De faire passer l'adrogé et ses enfants sous la puissance de l'adrogeant ; d'acquérir à ce dernier tous les biens de l'adrogé.

Quels sont les effets de l'adoption proprement dite ? — Avant Justinien, l'adopté passait de la famille de son père naturel dans la famille et sous la puissance de l'adoptant, quel qu'il fût.

Depuis Justinien, il faut distinguer : si l'adoptant est un ascendant de l'adopté, l'adoption conserve les mêmes effets.

Dans le cas contraire, elle ne transfère point la puissance paternelle ; seulement l'adopté acquiert le droit de succéder *ab intestat* à l'adoptant. § 2.

Quels sont ceux qui peuvent adopter ? — Tous ceux qui peuvent avoir la puissance paternelle, et qui pourraient être supposés pères de ceux qu'ils adoptent.

TITRE XII.

De quelles manières se dissout la puissance paternelle.

Comment se dissout la puissance dominicale ? — Par l'affranchissement.

Et la puissance paternelle ? — De cinq manières, qui sont : la mort naturelle, la mort civile, la dignité, l'émancipation, l'adoption.

Qu'arrive-t-il à la mort du père de famille ? — Les enfants sortent ou changent de puissance. Les enfants du premier degré sont libérés de la puissance paternelle et devienent leurs maîtres.

Quant aux petits-enfants, si leur père est encore dans la famille, ils ne font que passer de la puissance paternelle sous celle de leur père.

Si le père n'est plus dans la famille parce qu'il est mort ou émancipé, les petits-enfants deviènent pères de famille. *Pr.*

Dans quel cas y a-t-il mort civile ? — Lorsqu'une personne devient esclave ou est non pas simplement reléguée, mais déportée. § 1, 2, 3.

Qu'arrive-t-il lorsqu'un père ou un fils de famille est fait prisonnier ? — Il devient esclave des ennemis. Cependant on a établi, en faveur des prisonniers, deux fictions ; l'une pour le cas de retour, appelée droit de *postliminium ;* l'autre pour le cas de mort, appelée fiction de la loi *Cornelia.*

Dans le premier cas, le captif est censé ne l'avoir jamais été. Il rentre dans tous ses droits comme s'il n'était jamais sorti de Rome. Dans le second il est réputé mort, dès l'instant même de sa captivité.

Dans l'incertitude de son retour ou de sa mort, la puissance paternelle et l'état des enfants restent en suspens. § 5.

Quelle est la troisième manière dé dissoudre la puissance paternelle ? — La dignité du fils , lorsqu'il est élevé au rang de patrice, de consul, ou à toute autre dignité qui libère de la curie. § 4.

Quelle est la quatrième ? — L'émancipation, qui est un acte volontaire par lequel un père met ses enfants hors de sa puissance

Combien distingue-t-on d'émancipations ? — Il y en a eu trois espèces : l'ancienne, l'anastasienne et la justinienne.

Comment avait lieu l'ancienne ? — Par une vente et un affranchissement fictifs lorsqu'il s'agissait d'une fille ou d'un petit-fils ; par trois ventes et trois affranchissements, lorsqu'il s'agissait du fils.

Quels étaient ses effets ? — Le fils était considéré comme l'affranchi de l'acquéreur ; mais ordinairement on convenait, à la troisième vente, que l'acheteur revendrait au père, qui affranchirait lui-même, et aurait alors tous les droits de patron. Cette convention s'appèle *fiducie.*

Comment se faisait l'émancipation anastasienne ? — Par rescrit du prince.

Et la justinienne ? — Devant le magistrat.

Quels sont ses effets ? — Le père est considéré comme patron et en a tous les droits, sans qu'il soit besoin de rien statuer sur la *fiducie*. § 6.

Quelle est la cinquième manière de dissoudre la puissance paternelle ? — L'adoption pleine, c'est-à-dire celle qui est faite par un ascendant de l'adopté depuis la distinction introduite par Justinien. § 8.

TITRE XIII.

Des Tutèles.

Comment se subdivisent les pères de famille ? — En trois classes, car les uns sont en tutèle, les autres en curatèle ; d'autres ne sont ni en tutèle ni en curatèle. *Pr.*

Qu'est-ce que la tutèle ?—Une force et une puissance sur une tête libre, pour protéger celui qui, à raison de son âge, ne peut se défendre lui-même. § 1.

Elle est donnée ou par la loi civile ou avec sa permission. De là trois tutèles : testamentaire, légitime et dative.

Qu'est-ce que la tutèle testamentaire ? — Celle qu'un père de famille donne par testament, avec la permission de la loi, sur les enfants impubères soumis à sa puissance, lorsqu'après lui ils ne doivent pas retomber sous la puissance d'un autre. § 3.

Peut-on nommer un tuteur aux enfants

émancipés ? — Non ; mais cependant le tuteur nommé est confirmé par le magistrat,
sans enquête. § 4.

TITRE XIV.

*Quelles personnes peuvent être nommées
tuteurs par testament.*

*Quelles personnes peuvent être nommées
tuteurs par testament ?* — Les pères de famille, les fils de famille, et même les esclaves. *Pr.*

L'esclave du testateur devient libre en
vertu de la nomination même. L'esclave
d'autrui ne peut être nommé que *pour le
temps où il sera libre.* § 1.

*Peut-on nommer une personne qui n'est
pas capable d'administrer ?* — On peut
nommer un fou, un mineur ; mais ils ne seront réellement tuteurs qu'après être revenus
à la raison, ou avoir atteint la majorité. § 2.

Comment peut être nommé le tuteur ? —
Purement et simplement, à terme, sous
condition. § 3.

Quel est l'objet de la nomination du tuteur ? — Le tuteur est donné pour la personne du pupille, et ne peut être nommé
pour un objet ou pour une affaire déterminée.

TITRE XV.

De la tutèle légitime des Agnats.

Qu'est-ce que la tutèle légitime ? — C'est celle qui est donnée par la loi même.

Combien y a-t-il de tutèles légitimes ? — Il y a quatre tutèles légitimes, savoir : la tutèle des agnats, celle des patrons, celle des ascendants, et la tutèle fiduciaire.

Qu'est-ce que la tutèle des agnats ? — C'est celle qui, à défaut de tutèle testamentaire, est déférée par la loi des douze tables au plus proche agnat du pupille.

Qu'est-ce que les agnats ? — Ce sont des personnes entre lesquelles il existe une parenté civile, c'est-à-dire les personnes unies de parenté par les mâles, tant qu'elles n'ont pas changé d'état. § 2.

Comment s'appèlent les autres parents ? — Cognats ; ce sont les personnes qui ne sont unies que par la parenté naturelle.

Peut-on perdre le droit d'agnation et le droit de cognation ? — Oui. Le droit d'agnation se perd par un changement d'état quelconque ; le droit de cognation ne se perd que par le grand et le moyen changement d'état. § 3.

TITRE XVI.

De la diminution de tête (1).

Qu'est-ce que la diminution de tête ? — C'est le changement d'état. § 2.

Qu'est-ce que l'état ? — C'est une réunion de personnes qui jouissent des mêmes droits et les exercent respectivement entr'elles.

Combien y a-t-il d'états ? — Il y en a trois, savoir : l'état de liberté, l'état de cité et l'état de famille.

Il y a par conséquent trois diminutions de tête : la grande, la moyenne et la petite. *Pr.*

Qu'est-ce que la grande diminution de tête ? — C'est la perte des droits et de l'état de liberté, et par suite des deux autres états. Elle a lieu lorsqu'un homme libre devient esclave. § 1.

Qu'est-ce que la moyenne ? — C'est la perte de l'état et des droits de cité, et par suite de l'état et des droits de famille, en conservant la liberté. Elle a lieu lorsqu'un citoyen est déporté. § 2.

Qu'est-ce que la petite ? — C'est le chan-

____

(1) On a suivi ici le système adopté dans la nouvelle traduction des Institutes : à Paris, chez *Audibert*, rue de la Colombe, en la Cité, n° 4.

gement de famille, en conservant la liberté
et la qualité de citoyen. On change de famille lorsqu'on est émancipé ou donné en
adoption à un ascendant, ou adrogé ou légi-
timé.

TITRE XVII.

De la tutèle légitime des Patrons.

*Qu'est-ce que la tutèle légitime des
patrons?* — C'est celle qui est déférée au
patron, et après lui à ses enfants, sur l'affranchi impubère.

Pourquoi est-elle déférée au Patron? —
Parce que le patron est appelé à succéder
ab intestat à son affranchi, comme l'*agnat*
le plus proche au pupille ingénu.

TITRE XVIII.

De la tutèle légitime des Ascendants.

Quelle est cette tutèle. — C'est celle qui
est donnée au père de famille sur les enfants
impubères qu'il a émancipés.

Sur quel fondement? — Parce qu'il est
considéré comme son patron, et que l'enfant émancipé n'a plus d'agnats.

TITRE XIX.

De la tutèle fiduciaire.

Quelle est cette tutèle? — C'est celle qui,

après l'émancipation d'un impubère et après
la mort de l'ascendant qui l'a émancipé, est
déférée aux enfants restés sous la puissance
de cet ascendant.

*Quelle différence y a-t-il entre cette tu-
tèle et celle des agnats ?* — La tutèle des
agnats a lieu sur un pupille qui n'a point été
émancipé ; mais lorsqu'il est émancipé, il
ne peut plus y avoir d'agnat, puisque le
changement d'état détruit l'agnation.

Cette différence subsiste-t-elle encore ?
— Non ; par la novelle 118, Justinien a supprimé la différence entre les agnats et les
cognats ; et par conséquent les uns et les
autres sont indistinctement appelés à la tutèle légitime, dans le même ordre qu'à la
succession.

TITRE XX.

*Du tuteur Attilien et de celui qui était
donné en vertu de la loi Julia et Titia.*

Qu'est-ce que la tutèle dative ? — C'est
celle qui est déférée par le magistrat avec la
permission de la loi.

*Dans quel cas le magistrat nomme-t-il
un tuteur ?* — Lorsqu'il n'y a ni tuteur testamentaire ni tuteur légitime ; et, lorsque le
tuteur testamentaire a été donné sous condition ou à terme, en attendant l'événement

du terme ou de la condition ; enfin, pendant l'absence d'un tuteur, lorsqu'il est prisonnier chez l'ennemi. § 1, 2.

TITRE XXI.

De l'Autorisation du Tuteur.

Quelle est la capacité du pupille ? — Le pupille dans l'enfance ne peut faire aucun acte. C'est le tuteur qui agit pour lui.

Sorti de l'enfance, il peut agir avec ou sans l'autorisation du tuteur, suivant les circonstances.

Dans quel cas a-t-il besoin d'autorisation ? — Lorsqu'il rend sa condition pire ; mais il peut rendre sa condition meilleure sans autorisation. *Pr.*

Qu'est-ce que rendre sa condition pire et meilleure ? — Rendre sa condition pire, c'est contracter une obligation envers les autres. Rendre sa condition meilleure, c'est obliger les autres envers soi.

Quel serait l'effet d'un acte obligatoire pour les deux parties ? — Il ne serait point obligatoire pour le pupille qui pourrait ou s'en désister ou forcer les autres à l'exécuter.

Qu'est-ce que l'autorisation du tuteur ? — C'est l'approbation que le tuteur donne à un acte passé par le pupille.

Comment doit-elle être donnée ? — Purement et simplement, immédiatement, expressément, par le tuteur en personne.

TITRE XXII.

De quelles manières finit la tutèle.

Comment finit la tutèle ? — De cinq manières, qui sont, de la part du pupille : la
puberté, la mort, un changement d'état
quelconque.

De la part du tuteur : la mort, le grand
et le moyen changement d'état ; l'événement
du terme et de la condition ; l'admission des
excuses, la destitution.

*Quel est l'effet du petit changement d'é-
tat du tuteur ?* — Autrefois il faisait cesser
la tutèle légitime, parce qu'elle était atta-
chée à la qualité d'agnat.

Depuis la novelle 118 il n'en est pas de
même, parce que l'on ne distingue plus les
agnats des cognats.

*Quelle est l'obligation du tuteur, la tu-
tèle finie ?* — Il est obligé de rendre compte,
par l'action de tutèle.

TITRE XXIII.

Des Curateurs.

Qu'est-ce que la curatèle ? — C'est le

pouvoir d'administrer les affaires de ceux qui, soit à raison de leur âge, ou pour une autre cause, ne peuvent pas les conduire eux-mêmes.

A qui donne-t-on des curateurs ? — 1° Aux pubères qui n'ont pas encore vingt-cinq ans ; mais on ne leur en donne point malgré eux, excepté quand il s'agit d'un procès. § 2.

2° Aux fous et aux prodigues, aux insensés, aux sourds et à ceux qui sont attaqués d'une maladie perpétuelle, même lorsqu'ils sont majeurs. § 3, 4.

3° Aux impubères, lorsque le tuteur n'est pas propre à l'administration, ou lorsqu'il s'excuse pour un temps. § 5.

Par qui sont donnés les curateurs ? — Par les mêmes magistrats que les tuteurs. Le curateur donné par testament est confirmé par le magistrat. § 1, 3.

TITRE XXIV.

De la caution des Tuteurs et Curateurs.

Quelles sont les choses communes aux tuteurs et curateurs ? — Il y en a trois, savoir : la caution, l'excuse, la destitution.

Qu'est-ce que la caution ? — C'est une sûreté que le tuteur ou curateur donne sur sa gestion.

Elle se donne par l'interposition d'une tierce-personne qui s'oblige pour le tuteur, et qu'on appèle fidéjusseur.

Tous tuteurs sont-ils obligés de donner caution ? — Les tuteurs testamentaires et les tuteurs donnés par le magistrat avec enquête en sont dispensés.

Ne donnent-ils jamais caution ? — Lorsqu'il y en a plusieurs, celui ou ceux qui administrent donnent quelquefois caution aux autres: § 1.

Contre qui a-t-on recours pour l'administration des tuteurs et curateurs ? — On a recours, 1° contre le tuteur ou curateur ; contre la caution ; 3° contre le magistrat chargé de recevoir la caution lorsqu'il y a négligence de sa part. § 2.

TITRE XXV.

Des Excuses des Tuteurs et Curateurs.

Qu'est-ce qu'une excuse ? — C'est l'allégation d'un motif légitime, à raison duquel on prétend être dispensé d'une tutèle ou curatèle légalement déférée.

Quels sont les motifs d'excuse ? — Il y en a plusieurs qui se rapportent,

1° A la fortune du tuteur, comme le nombre des enfants, la pauvreté. *Pr.* § 6.

2° A ses occupations, comme le nombre de trois tutèles, l'administration des biens du fisc, l'absence pour la république, le service militaire, les fonctions publiques, la profession des arts libéraux. § 1. 2. 3. 5. 14. 15.

3° A ses intentions présumées, comme un procès entre le tuteur et le pupille, les contestations qu'il aurait éprouvées sur son état de la part du père, les inimitiés capitales. § 4. 9. 11. 12.

4° A sa capacité, comme l'âge de soixante-dix ans, l'ignorance, les maladies, la minorité. § 7. 8. 13.

Dans quel délai doivent être apportées les excuses ? — Dans le délai de cinquante jours continus, à partir de celui où le tuteur a connu sa nomination : ce délai peut être augmenté à raison des distances. § 16.

TITRE XXVI.

Des Tuteurs ou Curateurs suspects.

Qu'est-ce qu'un tuteur suspect ? — Un tuteur ou curateur suspect est celui qui administre frauduleusement, ou dont les mœurs font craindre une administration frauduleuse, quoiqu'il soit solvable. § 5, 13.

A quoi est-il exposé ? — A être accusé et destitué.

Quels magistrats doivent connaître de cette accusation ? — A Rome, le préteur ; dans les provinces, les gouverneurs.

Contre quels tuteurs peut-elle être por-
tée ? — Contre tous tuteurs, même légitimes. § 2.

Par qui peut-elle être poursuivie ? —
Cette accusation est publique et peut être
poursuivie par tout le monde, même par les
femmes, lorsqu'elles sont dirigées par l'intérêt des pupilles. § 3.

Quel est l'effet de l'accusation ? — De
suspendre l'administration de l'accusé.

Et celui de la condamnation ? — De le
faire écarter avec ou sans infamie, suivant
qu'il y a dol ou simple faute de sa part. § 6.
Quelquefois il est renvoyé, pour être
puni, devant le préfet de la ville. § 9, 10.

L'instruction peut-elle être arrêtée, et
les poursuites éteintes ? — Oui, lorsque
l'accusé meurt, ou que la tutèle ou la curatèle finissent.

FIN DU PREMIER LIVRE.

LIVRE II.

TITRE PREMIER.

De la division des choses, et des manières d'en acquérir la propriété.

Quel est le second objet du droit ? — Les choses. On appèle chose tout ce qui, dans la nature, peut offrir une utilité quelconque.

Comment se divisent les choses ? — En choses du patrimoine et choses hors du patrimoine. Sont hors du patrimoine, les choses communes, les choses publiques, les choses d'université, les choses du droit divin qui ne sont à personne. *Pr.*

Quelles sont les choses communes ? — Celles dont la propriété n'est à personne, et l'usage à tous les hommes ; par exemple, l'air, la mer, l'eau courante, etc. § 1.

Quelles sont les choses publiques ? — Celles dont la propriété est à un peuple, l'usage à tous les citoyens, comme les ports, les fleuves, etc. § 2.

Quelles sont les choses d'université ? —

4

Celles dont la propriété est à une corporation, et l'usage à tous les membres de cette corporation.

Combien y a-t-il de choses de droit divin ? — Il y en a trois espèces, savoir : les choses sacrées, religieuses et saintes. § 7.

Qu'est-ce qu'une chose sacrée ? — Celle qui a été consacrée au culte divin par les pontifes, au nom de l'Etat et avec les solennités requises. § 8.

Qu'est-ce qu'une chose religieuse ? — Un terrain est religieux lorsqu'on y a déposé un cadavre humain, avec la permission du propriétaire et des personnes qui ont droit sur le terrain. § 9.

Qu'est-ce qu'une chose sainte ? — On appèle ainsi celles qui sont prémunies contre l'injure des hommes par une sanction de la loi. § 10.

Qu'est-ce que la sanction dans une loi ? — C'est la partie de la loi qui établit une peine contre ceux qui contreviendront à ses dispositions. § 10.

Quelles espèces de droits les personnes peuvent-elles avoir par rapport aux choses ? — Ces droits sont de deux espèces : les uns sur la chose même, les autres contre une personne déterminée pour arriver à la chose.

C'est ce qu'on appèle droit réel ou dans la

chose ; droit personnel, à la chose, ou obligation.

Qu'est-ce que le droit réel ? — C'est le droit immédiat qu'une personne a sur une chose, sans égard à telle ou telle autre personne.

Qu'est-ce que le droit à la chose ? — A proprement parler, c'est le droit de demander la chose à une personne déterminée. On le définit une faculté donnée à une personne contre une autre pour forcer cette dernière à donner ou faire une chose.

Combien y a-t-il de droits réels ? — Trois : la propriété ou le domaine ; la servitude ; le gage.

Qu'est-ce que la propriété ? — Le droit de jouir et disposer d'une chose, dans les bornes prescrites par la loi.

Ou un droit réel qui donne la faculté de disposer de la chose de la manière la plus absolue et de la revendiquer, à moins qu'on n'en soit empêché par la loi, par le testateur ou par la convention.

Y a-t-il plusieurs espèces de propriété ? — On distingue, 1° le domaine quiritaire et bonitaire. Le domaine bonitaire ou du droit des gens pouvait appartenir à tous sans distinction, et pouvait s'acquérir conformément aux règles du droit des gens.

Le domaine quiritaire était particulier aux

seuls citoyens romains, et ne s'acquérait que sur certains objets et conformément aux règles du droit civil. Cette distinction a été supprimée par Justinien.

2° Le domaine direct et utile.

Le domaine direct est le titre de propriétaire sans les avantages.

Le domaine utile consiste dans les avantages de la propriété sans avoir le titre de propriétaire. Cette division est de peu d'usage.

3° Le domaine plein et nu.

Le domaine plein est la propriété jointe avec la jouissance.

Le domaine nu est la propriété séparée de l'usufruit.

Comment s'acquiert la propriété ? — De plusieurs manières, dont les unes appartiènnent au droit des gens, les autres au droit civil. § 11.

Quelles sont les manières du droit des gens ? — Il y en a quatre : l'occupation, l'accession, la perception des fruits, la tradition.

Qu'est-ce que l'occupation ? — L'acte par lequel on se saisit d'une chose qui n'appartient à personne, dans l'intention de l'avoir à soi.

Combien y a-t-il d'espèces d'occupa-

tions ? — Trois : la chasse, la conquête, l'invention.

Quelles choses acquiert-on par la chasse? — Les bêtes sauvages. Les bêtes sauvages sont celles qui sont dans leur liberté naturelle, comme les poissons, les oiseaux, le gibier, etc.

Il n'en est pas de même des animaux domestiques, comme les poules, les canards, etc., ni des animaux sauvages qui ont et qui conservent l'habitude d'aller et venir. § 12, 15, 16.

Qu'est-ce que la conquête? — C'est l'acte par lequel on s'empare, dans une guerre légitime, des choses et de la personne même des ennemis.

Quels sont ses effets ? — Elle met les uns et les autres sous la puissance du vainqueur. § 17.

Qu'est-ce que l'invention ? — C'est une espèce d'occupation sur laquelle on acquiert une chose inanimée qui n'appartient à personne, comme les perles et autres objets trouvés sur le rivage de la mer ; le trésor trouvé dans son propre fonds, § 18, 39 ; l'île formée dans la mer, § 22.

Qu'est-ce qu'un trésor ? — Un dépôt caché, dont on ignore l'auteur, et qui est découvert par l'effet du hasard.

4.

A qui appartient-il ? — A l'inventeur, s'il le trouve dans son propre fonds ; dans le cas contraire, pour moitié à l'inventeur, et pour moitié au maître du fonds.

Quelle est la seconde manière ? — L'accession. L'accession est un effet du droit par suite duquel une chose accessoire suit la chose principale.

Combien en distingue-t-on d'espèces ? — Deux : l'une naturelle, l'autre industrielle. La première a lieu sans le fait, et l'autre par le fait de l'homme.

A quoi s'applique l'accession naturelle ? — Elle a pour objet les produits, l'alluvion, l'incorporation, l'île formée dans un fleuve, et le changement de lit.

A qui appartiènent les produits de la chose ? — Au propriétaire de la chose, comme les petits des animaux, les fruits de la terre, § 19.

Qu'est-ce que l'alluvion ? — L'accroissement insensible qu'un fleuve occasionne aux terres riveraines. Elle profite au propriétaire de ces terres. § 20.

Qu'entendez-vous par incorporation ? — C'est la jonction d'une partie de terrain enlevée par la violence du fleuve et portée sur la propriété d'un autre.

Cette partie de terrain continue d'appartenir à son ancien propriétaire, tant qu'elle ne s'est pas identifiée avec l'autre propriété. § 21.

A qui appartient l'île formée dans un fleuve ? — Aux propriétaires des terres riveraines, du côté dont elle est le plus près, lorsqu'elle est toute d'un seul côté ; sinon aux propriétaires qui possèdent des héritages sur chaque côté, et en raison de la largeur que chacun possède sur la rive. § 22.

A qui appartient le lit abandonné par le fleuve ? — Aux propriétaires riverains, de chaque bord et en proportion de la largeur que chacun possède sur la rive. § 23.

Dans quels cas a lieu l'accession industrielle ? — Elle a lieu par spécification, broderie, mélange, construction, plantation, semence, écriture, peinture.

Qu'est-ce que la spécification ? — C'est la confection d'une chose nouvelle avec la matière de l'un et l'industrie de l'autre.

A qui appartient le nouvel objet ? — Au propriétaire de la matière, lorsque celle-ci peut revenir à son premier état ; et, dans le cas contraire, à celui qui la fait.

Lorsque, outre son industrie, on a fourni une partie de la matière, le nouvel objet appartient à celui qui l'a fait. § 25.

Quelle est la règle sur la broderie ? —

La broderie , quoique plus précieuse , suit toujours l'étoffe. § 26.

Qu'est-ce que le mélange ? —C'est la réunion de deux matières appartenant à deux propriétaires différents.

On distingue celui des choses sèches et celui des choses liquides , qui s'appèle confusion.

Quelles sont les règles sur la confusion ? — Lorsque les choses sont mêlées par le consentement des propriétaires , elles deviènent communes , mais ce n'est pas précisément par accession.

Elles le deviènent par accession, lorsqu'elles sont confondues sans leur consentement mutuel. § 27.

Dans ces deux cas , chacun d'eux a l'action *communi dividundo.*

Quelles sont les règles sur le mélange des choses sèches ? — Il n'y a point d'accession entr'elles : elles ne deviènent communes qu'autant qu'elles ont été mêlées d'un mutuel consentement. § 28.

Dans quels cas les constructions donnent-elles lieu à l'accession ? — Dans deux cas : lorsque l'on construit 1° sur son terrain avec les matériaux d'autrui ; 2° sur le terrain d'autrui avec ses propres matériaux.

Qu'arrive-t-il dans le premier cas ? — L'édifice appartient au maître du terrain.

Cependant les matériaux continuent d'appartenir à leur ancien propriétaire ; mais il ne peut forcer à démolir pour revendiquer.

Il a seulement droit au double de la valeur des matériaux par l'action *de tigno juncto*. § 29.

Et dans le second? — L'édifice et les matériaux appartiènent au maître du terrain. Mais lorsqu'il revendiquera contre le constructeur, celui-ci, s'il possède de bonne foi, opposera l'exception de dol pour avoir le prix des matériaux et de la main-d'œuvre. § 30.

Qu'arrive-t-il dans les autres espèces d'accession? — Les mêmes règles sont applicables aux plantations et semences faites sur le terrain d'autrui, § 31, 32. Elles cèdent au terrain dans lequel elles ont poussé des racines. § 31.

L'écriture faite sur le papier d'autrui suit le papier, § 33. Mais dans un tableau, c'est la peinture qui l'emporte sur la toile. § 34.

Quelle est la troisième manière d'acquérir par le droit des gens? — La perception des fruits.

A qui appartiènent les fruits? — Au propriétaire, par droit d'accession. Mais lorsqu'ils sont recueillis et perçus, ils sont ac-

quis au possesseur de bonne foi, à l'usufruitier ou au fermier.

Qu'est-ce qu'un possesseur de bonne foi ?
— C'est celui qui, possédant la chose d'autrui en vertu d'un juste titre, s'en croit propriétaire.

Qu'entend-on par fruit ? — Tout ce qui
naît et renaît habituellement du corps même
de la chose, ou se perçoit à son occasion.

Dans la première classe sont les fruits naturels, comme les petits des animaux, les
moissons. § 37.

Dans la seconde, les fruits civils, comme
les loyers des maisons.

*Les fruits civils et naturels s'acquièrent-
ils de la même manière ?* — Les fruits naturels s'acquièrent par la perception ; les fruits
civils, jour par jour.

*Quel droit le possesseur de bonne foi
acquiert-il par la perception ?* — Les fruits
perçus n'appartiennent au possesseur de
bonne foi que provisoirement jusqu'à la revendication du propriétaire ; mais après la
consommation on ne peut plus rien lui demander.

Le possesseur de mauvaise foi n'acquiert
rien, ni par la perception ni par la consommation. § 35.

Comment l'usufruitier peut-il percevoir ?
— De son vivant, et non par ses héritiers. § 36.

Comment doit-il jouir ? — En bon père de famille. § 38.

Quelle est la quatrième manière d'acquérir du droit des gens ? — La tradition, c'est-à-dire la mise en possession d'une chose corporelle.

Quelles sont les conditions nécessaires pour que la tradition transfère la propriété ?

Il faut, pour cela, qu'elle soit faite, 1° par le propriétaire ou en son nom. § 42 , 43.

2° Avec intention et capacité de transférer la propriété ;

3° En vertu d'un juste titre.

Qu'est-ce qu'un titre ? — C'est la cause en vertu de laquelle on fait la tradition. § 40.

Le juste titre est celui qui a pour but de conduire à une translation de propriété, comme la vente, la donation, etc. § 40.

Comment se fait la tradition ? — De la main à la main, ou fictivement.

Combien y a-t-il de traditions feintes ? —

Il y en a trois, savoir : la tradition symbolique, de longue main, et de brève main.

Qu'est-ce que la tradition symbolique ?
Celle dans laquelle on livre un signe au lieu de la chose ; par exemple, les clefs d'un magasin au lieu des marchandises. § 45.

Qu'est-ce que la tradition de longue main ?

— Celle par laquelle on se contente de nous désigner des objets immobiliers ou des meubles d'un grand poids, en les laissant à notre disposition.

Qu'est-ce que la tradition de brève main ? — C'est une compensation de tradition à faire de part et d'autre, lorsque la chose qu'on doit livrer se trouve déjà entre nos mains. § 44.

A qui peut être faite la tradition ? — Même à une personne incertaine, comme dans les distributions publiques, § 46, et à l'égard des objets abandonnés. § 47.

Dans quel cas une chose est-elle abandonnée ? — Lorsque le propriétaire la délaisse de fait et d'intention, ne voulant plus qu'elle soit à lui. § 47.

A qui est-il censé en faire la tradition ? — Au premier occupant.

TITRE II.

Des choses corporelles et incorporelles.

Quelle est la seconde division des choses ? — En choses corporelles et incorporelles.

Qu'est-ce qu'une chose corporelle ? — Celle qui tombe sous les sens.

Et une chose incorporelle ? — Celle qui, ne tombant pas sous les sens, ne peut être saisie que par l'imagination, comme une obligation, une servitude, une hérédité, et généralement tout ce qui consiste dans un droit.

Comment se divisent les choses corporelles ? — En meubles et immeubles, suivant qu'ils sont ou non susceptibles de se mouvoir et d'être mus.

Comment se divisent les meubles ? — En choses fongibles et non fongibles.

Une chose fongible est celle dont on ne peut faire usage sans la consommer, comme le vin, l'huile, etc.

TITRE III.

Des Servitudes d'Héritages.

Qu'est-ce qu'une servitude ? — C'est un droit sur la chose d'autrui qui assujétit cette chose à la personne ou à la chose d'un autre.

Comment se divisent les servitudes ? — En réelles et personnelles.

On appèle servitudes réelles, *prædiales*, ou servitudes d'héritages, celles qui assujétissent une chose à une autre chose.

Personnelles, celles qui l'assujétissent à une personne.

Sur quelles choses et en faveur de quelles choses peuvent être établies les servitudes.

réelles ? — Sur un fonds et en faveur d'un fonds ; et c'est pour cela qu'on les appèle *prædiales*, du mot *prædium* (héritage, fonds). § 3.

Comment se divisent les servitudes prædiales ? — En servitudes urbaines et rurales.

Les servitudes rurales sont celles qui sont attachées à des fonds ruraux ; les servitudes urbaines, celles qui sont attachées à des fonds urbains. § 1.

Qu'est-ce qu'un héritage ou un fonds urbain ? — Toute espèce de bâtiment, en quelque lieu qu'il soit. § 1.

Quelles sont les principales servitudes rurales ? — Les divers droits désignés sous le nom de *iter, actus, via ;* les droits d'aqueduc, de puisage, de pacage, etc. *Pr.* § 2.

Qu'est-ce que le droit appelé iter ? — Le droit d'aller et venir pour un homme. *Pr.*

Et actus ? — Le droit de conduire une bête de somme ou une voiture. *Pr.*

Et via ? — *Via* consiste dans le droit de *iter* et le droit de *actus* réunis. *Pr.*

Quelles sont les principales servitudes urbaines ? — Ce sont les droits d'appuyer son bâtiment sur celui du voisin, de faire tomber sur son terrain l'eau de notre toit, de l'empêcher d'élever son bâtiment au-delà d'une certaine hauteur, etc.

Comment doit-on s'y prendre pour établir une servitude ?,— On peut l'établir par testament ; ou bien par des conventions et stipulations. §4.

TITRE IV.

De l'Usufruit.

Combien y a-t-il de servitudes personnelles ? — Trois; l'usufruit, l'usage, l'habitation.

Qu'est-ce que l'usufruit ? — Le droit d'user et jouir de la chose d'autrui, à la charge d'en conserver la substance. *Pr.*

Comment se constitue l'usufruit ? — Par la loi; lorsqu'elle donne au père l'usufruit des biens de ses enfants.

Par la volonté de l'homme, au moyen de conventions et stipulations, mais le plus souvent, dans les actes de dernière volonté. §1.

Sur quels objets ? — Sur des objets quelconques, excepté les choses fongibles, dont on peut seulement avoir le quasi-usufruit.

En quoi consiste ce quasi-usufruit ?—Dans la propriété même de la chose; mais à la charge d'en rendre l'estimation, ou d'autres de même nature et qualité à la mort de l'usufruitier. § 2.

Comment finit l'usufruit ? — Par la mort de l'usufruitier, par son grand et son moyen changement d'état, par la perte de la chose, par le non usage, par la consolidation ou la réunion des deux qualités d'usufruitier et de propriétaire sur la même tête. § 3.

TITRE V.

De l'Usage et de l'Habitation.

Qu'est-ce que l'usage ? — Le droit d'user de la chose d'autrui.

En quoi diffère-t-il de l'usufruit ? — L'usage est moins étendu que l'usufruit. L'usager n'a point droit aux fruits, excepté dans certains cas, et pour ses besoins journaliers. § 1 et 4.

L'usage ne peut être cédé ni loué. § 1.

Comment s'établit et finit l'usage ? — De la même manière que l'usufruit, *Pr.*

Qu'est-ce que le droit d'habitation ? — C'est le droit d'habiter dans la maison d'autrui.

Le droit d'habitation peut être loué et cédé. § 5.

TITRE VI.

Des Usucapions et Prescriptions.

Quelles sont les manières d'acquérir du droit civil ? — Il y en a deux espèces ; les

unes nous acquièrent des choses particulières , les autres nous acquièrent les choses
par universalité.

*Quelles sont les manières d'acquérir des
choses en particulier ?* — Il y en a quatre ,
savoir : l'usucapion , la donation , le legs et
le fidéi-commis particulier.

Qu'est-ce que l'usucapion ? — L'acquisition de la propriété, qui vient se réunir à
une possession continuée pendant le temps
fixé par la loi.

Qu'est-ce que la prescription ? — La prescription était une exception donnée au possesseur de bonne foi , pour repousser le propriétaire qui revendique, ou le créancier qui
exerce son droit de gage.

*Dans quel cas l'usucapion et la pres-
cription étaient-elles nécessaires ?* — Lorsque la tradition avait été faite , mais sans la
volonté du propriétaire ; ce qui par conséquent , d'après le seul droit des gens , ne
transférait pas la propriété.

*En quoi différaient l'usucapion et la pres-
cription ?* — Elles différaient 1° par leur objet ; l'usucapion ne s'appliquait point aux
immeubles situés hors de l'Italie.

2° Par les effets ; l'usucapion donnait la
propriété de plein droit ; la prescription

donnait simplement le moyen de repousser l'action du propriétaire.

3° Par l'origine ; l'usucapion venait de la loi des 12 tables , la prescription du droit prétorien.

4° Enfin par le temps , qui était de deux ans pour l'usucapion ; de dix ou vingt ans pour la prescription.

Justinien a supprimé toutes les différences.

Quelles sont les conditions nécessaires pour l'usucapion? — Cinq: bonne foi , juste titre , possession continue , temps accompli, chose succeptible d'être prescrite.

Qu'est-ce que la bonne foi ? — L'opinion de celui qui possédant en vertu d'un juste titre , se croit propriétaire. La bonne foi suffit au commencement.

Qu'est-ce qu'un juste titre ? — Le titre est en général la cause en vertu de laquelle on possède. Le juste titre est celui qui a pour objet de transférer la propriété , comme la vente, la donation , etc.

Qu'est-ce que la possession ? — La détention d'une chose corporelle, que l'on a comme sienne , ou pour soi.

Ainsi l'usufruitier , le fermier ne possèdent pas ; car ils ne détiènent pas pour eux, mais pour un autre.

Au contraire le voleur possède , quoique de mauvaise foi.

Quelle espèce de possession exige-t-on ? — Une possession de bonne foi, non interrompue.

Comment s'interrompt la possession ? — Naturellement, lorsqu'on cesse de détenir; civilement, lorsque le possesseur est appelé devant le juge.

L'interruption s'appele, *usurpation*.

La possession peut-elle se continuer entre plusieurs personnes ? — Oui. Par exemple, entre un défunt et son héritier. Dans ce cas même il n'y a qu'une seule possession. § 12.

A l'égard des successeurs particuliers, par exemple, du vendeur à l'acquéreur, il y a réellement deux possessions distinctes, mais elles peuvent se réunir. § 13.

Quel est le temps prescrit ? — Pour les meubles, trois ans; pour les immeubles, dix ans entre présents, vingt ans entre absents.

Les parties sont présentes ou absentes, suivant que le propriétaire et le possesseur sont ou non dans la même province.

Quelles sont les choses susceptibles d'usucapion ? — Toutes celles qui sont dans le commerce, excepté les choses volées, les biens du fisc, etc. § 1. 9.

TITRE VII.

Des Donations.

Quelle est la seconde manière d'acquérir la propriété par le droit civil? — La donation.

La donation est une libéralité faite sans y être forcé par aucun droit, à une personne qui l'accepte.

Comment se divisent les donations? — En deux espèces ; les unes sont à cause de mort, les autres entre-vifs.

Qu'est-ce que la donation à cause de mort? — C'est celle qui se fait dans la prévoyance de la mort. § 1.

Elle n'est réellement confirmée que par la mort du donateur, et jusques là elle peut être revoquée.

De combien de manières? — De trois, 1° par le prédécès du donataire, 2° par le changement de la volonté du donateur; 3° lorsqu'il échappe au danger, dans lequel il croyait succomber.

En quoi la donation à cause de mort diffère-t-elle du legs? — Elle a été assimilée aux legs par Justinien ; mais cependant elle en diffère principalement par la nécessité de l'acceptation, qui n'est point exigée à l'égard des legs.

Qu'est-ce que la donation entre-vifs ? — Celle qui ne se fait pas en prévoyance de la mort.

Quelle différence a-t-elle, quant aux effets, avec la donation à cause de mort ? — La donation entre-vifs est parfaite par la simple volonté des parties, et ne peut être révoquée sans motif. § 2.

Et par conséquent elle n'a rien de commun avec les legs.

Est-elle toujours parfaite par le simple consentement ? — Lorsqu'elle excède cinq cents solides, elle doit être insinuée, c'est-à-dire transcrite dans un acte public, à peine de nullité pour l'excédent, sauf quelques exceptions. § 2.

Pour quels motifs peut-elle être révoquée ? — Pour cause d'ingratitude du donataire, § 2, et par la survenance d'enfants au donateur, qui n'en avait pas au moment de la donation.

La donation entre-vifs est-elle une manière d'acquérir la propriété ? — Non ; elle ne transfère point la propriété, qui ne passe au donataire que par la tradition.

La donation donne simplement un titre pour demander la tradition, et acquérir ainsi la propriété.

La donation à cause de mort, transfère la propriété sans tradition.

Connaissez-vous d'autres espèces de donations entre-vifs ? — Oui ; il y a certaines donations qui ne sont pas fondées sur une pure libéralité : telles sont entre autres la constitution de dot, et la donation à cause de noces.

Qu'est-ce que la dot ? — C'est le bien qui est donné au mari par la femme, ou en son nom, pour supporter les charges du ménage.

Et la donation à cause de noces ? — Celle qui est faite à la femme par le mari, pour sûreté de sa dot.

Quelles sont les autres manières d'acquérir par le droit civil ? — Le legs et le fidéi-commis particulier. On en traitera en parlant des testaments.

Il y avait aussi une autre manière appelée droit d'accroissement.

Qu'est-ce que le droit d'accroissement ? —C'est un droit par suite duquel un esclave appartenant en commun à deux maîtres, lorsqu'il était affranchi par l'un, était acquis en entier à l'autre. § 4.

Qu'a ordonné Justinien ? — Il a ordonné que dans ce cas l'esclave serait libre, sauf à l'affranchissant à payer à l'autre maître la valeur de sa part. § 4.

TITRE VIII.

Qui peut aliéner ou non.

Qu'est-ce que l'aliénation ? — C'est un acte qui transfère une chose d'une personne à une autre.

Quels sont ceux qui peuvent aliéner ? — Ceux qui sont propriétaires, et eux seuls.

Tout propriétaire peut-il aliéner ? — Non. La règle souffre exception : 1° à l'égard du mari, qui ne peut aliéner l'immeuble dotal, ni l'hypothéquer même avec le consentement de la femme. *Pr.*

2° A l'égard du pupille, qui ne peut rien aliéner, ni recevoir un paiement sans l'autorisation du tuteur. § 2 et 3.

Comment le débiteur du pupille peut-il payer avec sûreté ? — En obtenant la permission du juge. § 3.

Peut-on quelquefois aliéner sans être propriétaire ? — Oui. Dans deux cas. 1° Le créancier peut aliéner la chose donnée en gage, soit par suite d'une convention avec le propriétaire, soit en remplissant les formalités légales. § 1.

2° Le tuteur peut quelquefois aliéner les biens du pupille.

TITRE IX.

Par quelles personnes on acquiert.

'ar combien de personnes peut-on ac-quérir ? — Par soi-même, par ses fils de famille, par ses esclaves, par les esclaves d'autrui, dont on a l'usufruit, ou par les hommes libres et les esclaves d'autrui que l'on possède de bonne foi.

Dans quel cas le père acquiert-il par son fils ? — Autrefois, tous les biens du fils appartenaient au père. § 1.

Dans la suite on a distingué plusieurs espèces de pécule.

Qu'est-ce qu'un pécule ? — C'est un ensemble de choses que le fils de famille possède distinctes et séparées de celles du père.

Combien distingue-t-on de pécules ? — Quatre : savoir, le pécule *castrans, quasi-castrans, adventif, profectif.*

Qu'est-ce que le pécule castrans et quasi-castrans ? — Le pécule *castrans* est le bien que le fils de famille acquiert à l'occasion du service militaire. Le pécule *quasi-castrans* est celui qu'il acquiert dans les emplois civils, et par l'exercice des arts libéraux.

Quels sont les droits du père sur ces pécules ? — Le père n'a aucun droit sur les pécules *castrans* et *quasi-castrans;* le fils est, à leur égard, considéré comme père de famille.

Qu'est-ce que le pécule adventif? —Celui qui vient au fils, par succession, donation, et de tout autre côté que du père.

Quels étaient autrefois les droits du père sur ce pécule? — Il en avait ordinairement la propriété ; et, quant aux objets qui ne lui étaient point acquis, il pouvait en retenir le tiers, en émancipant le fils, pour prix de l'émancipation. § 2.

Quels sont ses droits actuels? — L'usufruit jusqu'à l'émancipation; et en cas d'émancipation, au lieu du tiers en propriété, la moitié en usufruit. § 2.

Qu'est-ce que le pécule profectif; à qui appartient-il? — Celui qui provient du père. Le père conserve tous ses droits; le fils n'en a que l'administration.

Que peut-on acquérir par ses esclaves? —Tout ce qu'ils acquièrent eux-mêmes, sans distinction, quoiqu'ils aient aussi un pécule à administrer. § 3.

Comment l'esclave acquiert-il à son maître? — De plein droit, à l'insçu du maître, et malgré lui, excepté, 1° l'hérédité, que l'esclave ne peut accepter sans le consentement du maître ; 2° la possession, qui ne profite

au maître que lorsqu'il en a eu connaissance.

*Quelle est la règle à l'égard des esclaves
d'autrui, ou des hommes libres ?* — Lorsqu'on en a l'usufruit, ou qu'on les possède
de bonne foi, ils acquièrent à l'usufruitier,
ou au possesseur de bonne foi, ce qu'ils acquièrent 1° par leur travail et leur industrie,
2° avec ou par la chose de l'usufruitier ou du
possesseur.

Le reste appartient au maître de l'esclave
ou à celui même qui sert de bonne foi, quand
c'est un homme libre. § 4.

Peut-on acquérir par un étranger ? —Non.
Excepté par mandataire, la possession, et
par suite de cette possession la propriété
même. § 5.

TITRE X.

Des formalités des testaments.

*Combien de manières d'acquérir par uni-
versalité ?* — Quatre : l'hérédité, la possession de biens, l'adrogation, l'adjudica-
on des biens pour conserver les libertés.

*Qu'est-ce que l'hérédité et la possession
de biens ?* —L'hérédité est la succession civile à la place et dans tous les droits d'un
défunt.

La possession de biens, est cette même

succession, mais déférée par le droit prétorien.

Qu'avons-nous à considérer par rapport à l'hérédité ? — Deux choses ; d'abord comment elle est déférée, secondement comment elle s'acquiert.

Comment l'hérédité est-elle déférée ? — Par testament, ou *ab intestat* par la loi.

Qu'est-ce qu'un testament ? — C'est l'expression de notre volonté, manifestée dans les formes légales, sur ce qui doit être exécuté après notre mort.

Combien de conditions pour que le testament défère l'hérédité ? — Deux : la première qu'il soit valable, la seconde qu'il ne soit pas infirmé.

Combien de conditions pour la validité du testament ? — Quatre : l'observation des formalités, la capacité du testateur, l'exhérédation des enfants, l'institution d'un héritier.

Quelles sont les formalités pour la confection des testaments ? — Elles ont varié suivant les temps et les diverses espèces de testaments.

Quelles étaient les anciennes formes ? — On distinguait dans le principe deux espèces de testaments, appelés, l'un *calatis comitiis*, qui se faisait dans l'assemblée du peuple ;

l'autre *procinctum*, qui se faisait en temps de guerre, au moment de marcher au combat. § 1.

Dans la suite ils furent remplacés par le testament nommé *per æs et libram*, qui se faisait par une vente fictive, en présence de cinq citoyens romains, d'un porte-balance, et d'un autre personnage appelé *antestat*.

Le préteur admit une autre espèce de testament, fait par écrit, en présence de sept témoins, et avec leur cachet. § 2.

Quelles sont les dernières formes ? — Il faut distinguer le testament écrit, et le testament noncupatif.

Le premier doit être fait en un seul contexte, en présence de sept témoins, signé par le testateur et les témoins, revêtu du cachet des témoins. § 3.

Le testament noncupatif se fait par une déclaration verbale, devant sept témoins. § 4.

Quelles personnes peuvent être témoins ? — Les citoyens romains, excepté les femmes, les impubères, les fous, les sourds, les muets, les interdits, et ceux que la loi déclare indignes de tester. § 6.

En outre, on ne peut prendre pour témoins d'un testament, ni l'héritier, ni les fils de famille, ni le père de famille du testateur. § 8, 9, 10.

TITRE XI.

Du testament militaire.

Tous les testateurs sont-ils assujétis à ces formalités? — Non. On excepte les militaires en expédition.

Leurs testaments sont valables, de quelque manière qu'ils aient manifesté leur volonté. *Pr.*

Ces testaments sont-ils toujours valables? — Non. Ils n'ont d'effet, qu'autant que le testateur est mort militaire, ou dans l'année après avoir eu son congé. § 5.

TITRE XII.

A qui l'on n'a pas permis de tester.

Quels sont ceux qui peuvent tester? — Ceux-là seuls à qui la loi l'a permis.

La loi des douze tables ne l'avait permis qu'aux pères de famille.

Tout père de famille peut-il tester? — Tout père de famille a le droit de tester; mais quelques-uns ne peuvent l'exercer par eux-mêmes. Ce sont les fous, les impubères, les prodigues. Mais la folie et l'interdiction n'annullent pas un testament valablement fait. § 12.

6.

Ceux qui sont prisonniers ne peuvent tester chez l'ennemi. § 5.

Les aveugles, les sourds, les muets ne peuvent tester que dans des formes particulières. § 3 et 4.

Les fils de famille ne peuvent-ils jamais tester ? — On leur a permis de tester sur leur pécule *castrans* et *quasi-castrans.*

Hors cette exception, ils ne le peuvent, même avec le consentement du père.

TITRE XIII.

De l'exhérédation des enfants.

Qu'est-ce que l'exhérédation ? — C'est un acte par lequel on ôte l'hérédité.

Pourquoi le père est-il obligé de déshériter ses enfants ? — Parce que les enfants ne faisant qu'un avec le père, son hérédité est censée leur appartenir, même de son vivant, et qu'ainsi, pour la donner à d'autres, le père est obligé de l'ôter auparavant à ses *héritiers-siens.* Et de-là l'obligation de les instituer, ou de les déshériter.

Cette règle s'appliquait-elle à tous les héritiers siens ? — Non. Elle ne s'appliquait réellement qu'au fils. Il devait être déshérité nommément.

Que décidait-on à l'égard de la fille et

des petits enfants? — L'omission de la fille ne nuisait pas à la validité du testament. Seulement elle avait droit de concourir, pour une certaine part, avec les héritiers institués.

L'exhérédation avait pour but de lui ôter cette part. Les filles pouvaient être déshéritées en masse.

Les petits-fils et petites-filles ne sont héritiers-siens de leur aïeul, qu'autant que leur père est sorti de la famille ; et dans ce cas ils avaient les mêmes droits que la fille. § 2.

Qu'a ordonné Justinien ? — Que tout héritier-sien devait être déshérité nommément sans distinction de sexe ni de degré. § 5.

Sont-ce là les seules personnes qu'il fallait déshériter? — Oui, pour la validité actuelle du testament.

Mais pour empêcher que dans la suite le testament ne fût infirmé, il fallait aussi déshériter ceux qui par la suite pouvaient être considérés comme héritiers-siens, ou le devenir réellement.

Quels sont ceux qui pouvaient être considérés comme héritiers-siens? — Les enfants naturels sortis de la famille, lorsqu'ils n'étaient point dans une famille adoptive, à la mort du père naturel.

En effet le préteur, les supposant encore sous sa puissance, leur donnait la possession de biens contre les tables. § 3 et 4.

(68)

Quels sont ceux qui pouvaient devenir héritiers-siens ? — 1° Les posthumes qui devenaient héritiers-siens en naissant, après la confection du testament. § 1.

2° Les quasi-posthumes, c'est-à-dire les petits-enfants du testateur, qui, lorsque leur père sortait de la famille, devenaient héritiers-siens, en prenant sa place. § 2.

Comment pouvaient être déshérités les posthumes ? — Tous les mâles nommément. Les femmes pouvaient l'être en masse, pourvu qu'on leur laissât quelque legs. Justinien supprima cette différence. § 1. 5.

Tous testateurs sont-ils obligés à l'exhérédation ? — La mère et l'aïeul maternel n'y sont point astreints, parce qu'ils n'ont pas la puissance paternelle. § 7.

Tout père de famille doit-il observer cette formalité ? — Le militaire en est exempt. Son silence est regardé comme une exhérédation, à l'égard des enfants qu'il savait avoir. § 6.

TITRE XIV.

De l'institution d'héritier.

Qu'est-ce qu'un héritier ? — C'est celui qui succède dans la place et dans tous les droits du défunt. L'institution est la désignation de ce successeur.

Quels sont ceux que l'on peut instituer héritiers ? — Les citoyens romains, les esclaves, tant ceux d'autrui que les nôtres. Pr.

Quel est l'effet de l'institution de son propre esclave ? — Il devient libre et héritier nécessaire, s'il reste sous la puissance du testateur ; héritier volontaire, s'il est affranchi avant la mort du testateur ; héritier du chef de son nouveau maître, s'il est aliéné. § 1.

Quel est l'effet de l'institution d'un esclave étranger ? — Il devient héritier et acquiert l'hérédité à son maître, s'il reste esclave ; à lui-même, s'il est affranchi au moment de l'adition. § 1.

Combien peut-on instituer d'héritiers ? — Autant que l'on veut. § 4.

Comment se distribue l'hérédité entre eux ? — D'après la désignation des parts faites par le testateur même ; et lorsqu'il n'a rien dit, par portions égales. § 5. 6.

Comment se divise ordinairement l'hérédité ? — L'hérédité forme un tout que l'on appelle *as* ; l'*as* est supposé contenir douze onces, qui réunies en plus ou moins grand nombre, forment diverses fractions de l'*as*, qui ont chacune un nom particulier. § 5.

*Le testateur est-il obligé de se conformer

à cette division ? — Non. Il peu composer *l'as* d'autant de parties qu'il veut. § 5.

Et quand même il n'aurait distribué que six onces, ces six onces comprendraient toute l'hérédité, § 7, parce que personne ne peut mourir, partie *testat*, partie *intestat*.

Et réciproquement s'il a distribué plus de douze onces, la valeur de l'once diminue proportionnellement. § 7.

Qu'arrive-t-il si le testateur n'a désigné les parts que pour une partie des héritiers ? — Ce qui reste appartient aux héritiers institués sans désignation. § 6.

Et s'il ne reste rien ? — Alors l'hérédité est censée contenir deux *as*, chacune de douze onces.

Les parts désignées se prènent d'abord sur la première *as*, à défaut sur la seconde.

La seconde, ou ce qui reste sur la seconde, appartient aux héritiers institués sans désignation de parts.

Si la seconde est épuisée, on fait une troisième *as*, et ainsi de suite. Cette division de l'hérédité en deux *as*, s'appèle *dupondium*, en trois, *tripondium*, etc. § 8.

Comment peut être institué l'héritier ? — Purement et simplement ; ou sous condition ; mais non à terme, ou pour un objet déterminé. § 9.

Qu'est-ce qu'une condition ? Combien y

en a-t-il d'espèces ? — La condition est un événement futur et incertain, de l'accomplissement duquel on fait dépendre une institution, un legs, ou une obligation.

On distingue la condition possible et impossible. La condition impossible est celle que la nature, les lois, ou les bonnes mœurs ne permettent pas d'accomplir.

Quel est l'effet de la condition impossible ? — Lorsqu'elle est mise dans un testament, elle est réputée non écrite. Il en est de même du terme, ou de la désignation d'un objet déterminé. § 10.

TITRE XV.

De la substitution vulgaire.

Qu'est-ce qu'une substitution ? — C'est la désignation d'un héritier, dans un degré inférieur.

Combien connaît-on de substitutions ? — Deux : la substitution vulgaire et pupillaire.

Qu'est-ce que la substitution vulgaire ? — Celle qui est faite pour le cas où l'institué ne sera pas héritier. De-là le principe que le substitué ne concourt jamais avec l'institué.

Par qui peut-elle être faite, et en combien de degrés ? — Elle peut être faite par tout le monde, et on peut en faire autant de dégrés que l'on veut. *Pr.*

Comment peut-elle être faite? — De quatre manières ; en substituant un seul à un seul ; un seul à plusieurs ; plusieurs à un seul, ou les institués entre eux, ce qu'on appèle substitution réciproque. § 1.

Quelles sont les règles à observer dans cette substitution? — Il y en a deux : 1° que les parts exprimées dans l'institution sont censées répétées dans la substitution. § 2.

2° Que le substitué au substitué est supposé substitué à l'institué, c'est-à-dire que lorsqu'on a institué deux héritiers, substitué le second au premier, et donné encore un substitué au second, ce dernier recueillera les deux parts. § 2.

TITRE XVI.

De la substitution pupillaire.

Qu'est-ce que la substitution pupillaire? — C'est celle qui est faite, non-seulement pour le cas où l'institué ne serait pas héritier ; mais encore pour le cas où il serait héritier, et décéderait avant la puberté. — *Pr.* § 9.

Par qui, et à qui peut-on être ainsi substitué? — Par le père de famille, aux enfants impubères qu'il a sous sa puissance, et qui ne doivent pas retomber sous la puissance d'un autre. *Pr.*

Quel est le véritable caractère de la substitution pupillaire? —C'est un testament que le père fait pour son fils. *Pr.*

Cette substitution peut être faite, même lorsque le fils est déshérité. § 4.

Combien y a-t-il de testaments dans la substitution pupillaire? — Le père ne peut ainsi tester pour son fils, sans tester pour lui-même. § 5.

Ainsi, la substitution pupillaire contient deux testaments, un pour le père, l'autre pour le fils, ou au moins un seul testament relatif à deux hérédités. § 2.

Ne peut-on faire de testament que pour les impubères? — Justinien a permis aux ascendants qui auraient des descendants fous ou imbéciles, de leur substituer *certaines personnes*, pour le cas où ils décéderaient avant de revenir à résipiscence. § 1.

Comment s'appèle cette substitution? — Exemplaire, quasi-pupillaire, ou justinienne.

Comment s'évanouissent les substitutions? — La substitution vulgaire, lorsque l'institué devient héritier; la pupillaire, par la puberté du pupille, § 8, et la substitution exemplaire par la résipiscence de l'institué.

TITRE XVII.

De quelles manières les testaments sont infirmés.

De combien de manières un testament, valablement fait, est-il infirmé?—De deux manières, ou de plein droit, ou par l'office du juge.

Comment le testament est-il infirmé de plein droit? —Dans deux cas ; lorsqu'il est rompu ou annullé.

Le testament est rompu, lorsqu'il est infirmé par une raison particulière au testament même, et non à l'état du testateur. *Pr.*

Il est annullé, lorsqu'il est infirmé par le changement qui survient dans l'état et la capacité du testateur.

De quelles manières arrive la rupture du testament? — De deux manières ; 1º par l'agnation d'un héritier-sien, qui n'aurait point été déshérité. § 1.

2º Par la confection d'un testament postérieur, valable. § 2. 7.

Le premier testament serait rompu, quand même le second l'aurait confirmé, ou resterait lui-même sans effet par la suite. § 2. 3.

De quelles manières le testament est-il annullé? — Par les trois changements d'état. § 4.

(75)

Est-il absolument inutile? —Oui, par le droit civil ; mais le droit prétorien ne considère pas le temps intermédiaire ; et pourvu que le testateur fût décédé citoyen romain et père de famille, le préteur donnait à l'héritier institué, la possession de biens selon les tables. § 6.

TITRE XVIII.

Du testament inofficieux.

Comment le testament est-il infirmé par l'office du juge? —Lorsqu'il est *rescindé* sur la plainte de testament inofficieux.

Qu'est-ce qu'un testament inofficieux? — Celui qui est fait régulièrement ; mais contre les devoirs de la piété.

Qu'est-ce que la plainte de testament inofficieux? — C'est une action par laquelle ceux qui se prétendent injustement déshérités ou omis, demandent la rescision du testament, sous prétexte que le testateur n'était pas sain d'esprit.

Qui peut avoir cette action? — 1° Les enfants qui se prétendent injustement déshérités ou omis; 2° les ascendants ; 3° les frères et sœurs germains, seulement lorsqu'on leur a préféré une personne honteuse. *Pr.* § 1.

Comment est-on valablement déshérité

ou omis? — Lorsqu'on l'est en vertu de l'une des causes autorisées par la loi, et exprimée dans le testament.

Justinien, par la novelle 115, a déterminé quatorze causes pour les enfants, huit pour les ascendants.

Dans quel cas peut être intentée cette action?—Lorsqu'on n'a pas d'autre moyen pour venir à l'hérédité, et lorsqu'on n'est pas institué au moins pour la légitime. § 2, 6.

Qu'est-ce que la légitime? — C'est une portion de la part que l'on aurait *ab intestat.* Autrefois elle était du quart indistinctement. Justinien l'a fixée au tiers lorsqu'on n'avait pas plus de quatre enfants, et à moitié dans le cas contraire.

Comment s'éteint cette action? — Par l'approbation expresse ou tacite que l'on aurait donnée au testament, § 4, et ordinairement par la mort de l'offensé.

TITRE XIX.

De la qualité et de la différence des héritiers.

Comment s'acquiert l'hérédité déférée? — De différentes manières, suivant la qualité des héritiers.

Combien y a-t-il d'espèces d'héritiers?

— Trois espèces : les héritiers nécessaires, les héritiers-siens et nécessaires, et les héritiers étrangers ou volontaires. *Pr.*

Qu'est-ce que l'héritier nécessaire? — C'est l'esclave institué, qui acquiert à la fois la liberté et l'hérédité, en vertu du testament de son maître.

Il est héritier nécessaire, c'est-à-dire, bon gré, mal-gré, et de plein droit.

Qu'est-ce que l'héritier-sien et nécessaire? — C'est la personne soumise à la puissance paternelle du défunt, et qui ne retombe point sous la puissance d'un autre. § 2.

On l'appèle héritier-*sien*, parce qu'il est de la maison ; et *nécessaire*, parce qu'il devient aussi héritier de plein droit et malgré lui.

Qu'est-ce qu'un héritier étranger? — Celui qui n'est point soumis à la puissance du défunt.

Il n'acquiert d'hérédité que volontairement. § 3.

Quelles sont les conditions nécessaires dans ce cas pour devenir héritier? — Il faut que le testateur ait eu avec lui la faction du testament aux trois époques de la confection du testament, de la mort et de l'acceptation. § 4.

Avec qui a-t-on la faction de testament?

— Avec les personnes qui peuvent recevoir par testament, encore qu'elles ne puissent pas tester elles-mêmes. § 4.

Comment l'héritier étranger acquiert-il l'hérédité ? — En faisant adition ou acte d'héritier. § 7.

L'adition est un acte solennel par lequel on déclare prendre et accepter l'hérédité.

On fait acte d'héritier en disposant des objets de l'hérédité, comme propriétaire. § 7.

Comment est-il repoussé de l'hérédité ? — Par une volonté contraire, manifestée ou expressément ou implicitement, § 7.

Quel est l'effet de l'acquisition d'hérédité ? — L'héritier prend la place du défunt, le représente en tout, et est obligé d'acquitter ses dettes, même au-delà de la valeur des biens.

Quels sont les moyens d'éviter cet inconvénient ? — Il y en a plusieurs qui sont : pour l'héritier nécessaire, le bénéfice de division ; pour l'héritier-sien et nécessaire, le bénéfice d'abstention ; pour l'héritier volontaire, le droit de délibérer et le bénéfice d'inventaire.

Qu'est-ce que le bénéfice de division ? — C'est le droit accordé par le préteur, à l'héritier nécessaire, de séparer des biens du défunt ceux qui sont acquis depuis sa mort par l'héritier, pour n'être tenu des dettes que jusqu'à concurrence des premiers. § 1.

Qu'est-ce que le bénéfice d'abstention ? — C'est le droit accordé par le préteur à l'héritier-sien et nécessaire, d'être considéré comme étranger à l'hérédité, tant qu'il ne s'y est point immiscé. § 2.

Qu'est-ce que le droit de délibérer ? — C'est un délai accordé par le préteur à l'héritier volontaire, pour examiner s'il vaut mieux accepter ou répudier, sans pouvoir être poursuivi dans l'intervalle.

L'héritier-sien pouvait aussi délibérer sur son abstention ou son immixtion.

Qu'est-ce que le bénéfice d'inventaire ? — C'est le droit accordé par Justinien aux héritiers qui ont fait inventaire, 1° de n'être tenu envers les créanciers que jusqu'à concurrence des biens de l'hérédité ; 2° de ne point confondre ses biens, ses droits et ses actions avec ceux du défunt. § 6.

Qu'est-ce que l'inventaire ? — C'est un état descriptif des objets trouvés dans l'hérédité, dressé dans les formes légales.

Quels sont les effets particuliers de l'acquisition d'une hérédité déférée par testament ? — Elle confirme toutes les dispositions du testateur, et par conséquent oblige l'héritier à acquitter les legs et les fidéicommis.

TITRE XX.

Des Legs.

Qu'est-ce qu'un legs ? — C'est une espèce de donation faite par le défunt pour être acquittée par l'héritier. § 1.

Combien y a-t-il d'espèces de legs ? — Quatre : les legs par revendication, par condamnation, par mode de permission, par préciput.

Quelle différence y avait-il entre eux ? — Le premier transférait directement la propriété de la chose léguée ; le second et le troisième imposaient seulement une obligation à l'héritier, l'un de donner la chose au légataire, l'autre, de la lui laisser prendre. Enfin le quatrième et dernier donnait à l'un des cohéritiers mêmes, le droit de prélever une chose avant partage.

Quels changements a faits Justinien ? — Justinien a supprimé toutes ces différences, et a donné aux légataires, pour exercer leurs droits, trois actions, savoir : 1° la revendication ; 2° l'action personnelle contre l'héritier et 3° l'action réelle hypothécaire par suite de l'hypothèque tacite accordée aux légataires sur les biens de l'hérédité. § 2.

Quelles choses peut-on léguer ? — Toutes les choses qui sont dans le commerce, corporelles et incorporelles, et tant celles du testateur et de l'héritier, que celles d'autrui ; et même les choses futures. § 4, 7.

Quel est l'effet du legs de la chose d'autrui ? — Il n'est valable qu'autant que le testateur a su léguer la chose d'autrui.

Il oblige l'héritier à acheter la chose et à la délivrer ; et s'il ne le peut pas, à en payer l'estimation, pourvu qu'auparavant le légataire ne l'ait pas acquise à titre lucratif. § 4, 6.

Peut-on léguer des choses incorporelles ? —Oui ; par exemple, une servitude, une obligation. Quant au legs d'une obligation, on en peut distinguer trois espèces : le legs de la libération, de la dette, de la créance.

Quest-ce que le legs de la libération ? Quels sont ses effets ? — C'est celui par lequel le testateur lègue à son débiteur ce que celui-ci lui doit.

Le débiteur n'est pas libéré de plein droit ; mais il a une exception contre la demande que formerait l'héritier : il peut même attaquer l'héritier pour se faire libérer. § 13.

Quest-ce que le legs de la dette ? — Celui par lequel le testateur lègue à son créancier ce dont il est débiteur envers lui.

Ce legs n'est valable qu'autant qu'il y a pour le créancier plus d'avantage dans le legs que dans la dette, à raison soit de la chose léguée, soit du temps, soit du lieu, soit des conditions auxquels et sous lesquels elle doit être acquittée. § 14.

Le mari peut-il léguer à sa femme la dot dont il est débiteur ? — Oui, parce que le legs est plus avantageux que la créance de la dot. § 15.

Qu'est-ce que le legs de la créance ? — Celui par lequel le tuteur lègue à une personne ce qui lui est dû par une autre.

L'effet de ce legs est d'obliger l'héritier de céder au légataire son action contre le débiteur. § 4.

Le testateur est il obligé de spécifier la chose léguée ? — Non ; il peut léguer une chose en général, comme un cheval, un esclave ; ou bien donner au légataire le choix d'une chose entre plusieurs.

Dans le premier cas il y a legs du genre ; dans le second, legs d'option.

A qui appartient le choix dans le legs du genre ? — A l'héritier. § 22.

Quels étaient les effets du legs d'option ? — Le légataire avait le droit de choisir, mais par lui-même ; s'il ne l'exerçait pas de son vivant, il ne transmettait rien à son héritier.

Justinien a voulu que la faculté de choisir passât aux héritiers du légataire. § 23.

(83)

A quel moment le legs est-il acquis au légataire ? A quelle époque peut-il exercer son droit ? — Règle générale, au jour de la mort du testateur ; mais il ne peut exercer son droit qu'après l'adition d'hérédité.

Ces expressions le *jour cède*, le *jour vient*, indiquent, l'une, que le droit est acquis ; l'autre, qu'il peut être exercé.

Que peut-il arriver jusqu'à ce que le jour cède ? — Le legs peut être augmenté par tous les accessoires qui se joindront à l'objet légué. § 19, 20.

Réciproquement aussi il peut être diminué par la détérioration des objets légués. § 17, 18.

Enfin il peut être anéanti, même quant aux accessoires , par la perte fortuite de l'objet principal. § 16, 17.

Par l'aliénation volontaire qu'en aurait faite le testateur. § 12, et enfin par le prédécès du légataire.

Dans ce cas, le legs est caduc.

Que devient le legs caduc ? — Il reste à l'héritier si le légataire était seul ; dans le cas contraire, lorsque la même chose a été léguée à plusieurs , la part caduque appartient aux autres par droit d'accroissement. § 18.

Qu'est-ce que le droit d'accroissement ?

— C'est le droit de recueillir la totalité, faute par le conjoint de recueillir sa part.

Entre qui a-t-il lieu ? — Ce droit a lieu entre les cohéritiers comme entre les colégataires.

Mais il est forcé pour les premiers, et volontaire pour les seconds.

De combien de manières peut-on être conjoint ? — De deux manières : par la chose seulement, lorsqu'on est appelé au même objet par deux phrases séparées ; par la chose et les paroles, lorsqu'on est appelé par la même phrase. § 8.

A qui peut-on léguer ? — A tous ceux avec qui on a la faction de testament. § 24.

Peut-on léguer à une personne incertaine ? — Autrefois on ne le pouvait pas, non plus qu'à un posthume étranger. Justinien a levé cette prohibition. § 25, 26, 27, 28.

Qu'est-ce qu'un posthume étranger ? — Celui qui, en le supposant né, ne serait point l'héritier-sien du testateur. § 26.

Peut-on faire un legs à l'héritier ? — Oui, lorsqu'il y en a plusieurs ; mais non, lorsqu'il est seul, parce qu'il ne peut être son débiteur à lui-même ; et par conséquent on ne peut pas léguer à l'esclave de l'héritier, si ce n'est pour le cas où il sortira de sa puissance. § 32.

Peut-on, en instituant un esclave, faire un legs à son maître ? — Oui, mais le legs est inutile si l'esclave, restant sous la puissance du même maître, accepte l'hérédité par son ordre. § 53.

Peut-on léguer toute espèce de chose à toute personne ? — Oui, pourvu que la chose soit de nature à pouvoir être légalement acquise au légataire.

On ne peut léguer à une personne sa propre chose, parce qu'elle ne peut pas lui appartenir deux fois. § 10.

De quelles manières peut-on léguer ? — On peut léguer purement et simplement, à terme, sous condition, pour une cause, pour un mode, avec démonstration, à titre de peine.

Qu'est-ce que le terme ? — C'est la fixation d'une époque mise par le testateur, non pour en faire dépendre le legs, mais seulement pour en reculer l'exécution.

Quels sont ses effets ? — Le terme n'empêche pas le jour de *céder*, mais seulement de *venir*; le terme incertain est considéré comme une condition.

Peut-on prendre toute espèce de terme ? — Autrefois on ne pouvait léguer après la mort de l'héritier ni du légataire. Justinien a levé cette prohibition. § 35.

Quel est l'effet de la condition ? —Elle a cet effet, que le jour ne cède qu'à l'accomplissement de la condition.

Le légataire ne peut-il jamais recevoir son legs avant l'accomplissement ? — En règle générale il ne le peut pas. Cependant lorsque la condition est potestative et consiste *à ne pas faire* quelque chose, il est admis au legs en donnant la caution *mucienne.*

Qu'est-ce que la cause ? — C'est la raison que le testateur allègue de sa disposition et qu'il tire d'un fait antérieur.

La fausse cause ne détruit point le legs. § 5r.

Qu'est-ce que le mode ? — C'est l'obligation de faire ou donner quelque chose, imposée par le testateur à ceux qui profitent de sa libéralité.

Le mode n'arrête point la demande du légataire qui est seulement obligé à donner caution d'exécuter la chose.

Qu'est-ce que la démonstration ? —C'est ce qui est mis par le testateur pour désigner soit la chose léguée, soit le légataire.

L'erreur sur le nom, et la fausse démonstration ne nuisent point au legs lorsque l'on connaît l'intention du testateur. § 29, 3o.

Qu'est-ce qu'un legs à titre de peine ? — Celui qui était laissé pour forcer ou pour empêcher l'héritier de faire quelque chose.

Autrefois il n'était pas valable ; il a été permis par Justinien. § 36.

TITRE XXI.

De la Révocation et de la Translation des Legs.

Comment un legs peut-il être révoqué ? — Soit dans le même testament, soit par codiciles, en termes directement opposés, ou en tous autres termes. *Pr.*

Comment peut-il être transféré ? — En donnant à l'un ce qu'on avait donné à un autre.

La translation renferme une révocation et un nouveau legs. § 1.

TITRE XXII.

De la loi Falcidie.

Peut-on faire autant de legs que l'on veut ? — Oui, d'après la loi des douze tables.

Mais depuis la loi *Falcidie* on ne peut léguer que les trois quarts des biens, en sorte qu'il reste toujours un quart à l'héritier. *Pr.*

C'est ce quart que l'on appèle *quarte falcidie.*

Comment se calcule le quart lorsqu'il y a plusieurs héritiers ? — Chacun peut retenir le quart sur sa portion héréditaire, et sans égard à la part des autres, comme si chaque portion formait une hérédité entière. § 1.

A quel moment faut-il examiner la valeur des biens pour établir le calcul de la falcidie ? — Les biens se calculent d'après leur valeur au temps de la mort du testateur.

La détérioration et l'augmentation qui ont lieu jusqu'à l'acceptation, sont aux risques de l'héritier. § 2.

Que faut-il préalablement déduire pour calculer la falcidie ? — Trois choses : les dettes, les frais funéraires, le prix des esclaves affranchis. § 3.

Peut-on toujours retenir la quarte ? — Oui, excepté dans le testament militaire ; lorsque le testateur l'a défendu ; lorsque l'héritier n'a point fait inventaire ; lorsqu'il s'agit de legs fait avec défense d'aliéner, ou pour cause pie.

TITRE XXIII.

Des hérédités fidéicommissaires et du S. C. Trébellien.

Qu'est-ce qu'un fidéicommis ? — C'est une disposition dont le testateur confie l'exécution en termes indirects et précatifs à celui qui profite de ses dernières volontés.

Les fidéicommis sont-ils obligatoires ? — Avant Auguste ils ne l'étaient point ; ils le sont devenus sous lui. § 1.

Combien distingue-t-on de fidéicommis ? — Deux espèces : les uns sont universels, lorsqu'ils ont pour objet l'hérédité ou une quote-part héréditaire ; les autres, particuliers, qui ne s'appliquent qu'à un objet spécial.

Quel était l'effet de la restitution de l'hérédité ? — L'héritier n'en restait pas moins héritier, et par conséquent obligé à toutes les charges. § 3.

Comment a-t-on pourvu à cet inconvénient ? — Par deux sénatus-consultes. Le premier, nommé sénatus-consulte Trébellien, fut porté au temps de Néron ; l'autre, nommé Pégasien, sous le règne de Vespasien.

Que portait le sénatus-consulte Trébellien ? — Qu'après la restitution, celui auquel on aurait restitué serait considéré *comme héritier.*

Alors ce fut à lui et contre lui que le préteur donna les actions de l'hérédité *utiles.* § 4.

Ce sénatus-consulte était-il suffisant ? —

8.

Non, parce que, bien que l'héritier n'eut rien à perdre, il n'avait presque jamais rien à profiter, et qu'il refusait d'accepter. § 5.

Que contenait le sénatus-consulte Péga-sien ? — Deux dispositions : la première, que l'héritier, chargé de restituer, pourrait retenir un quart ; la seconde, que dans le cas où il ne voudrait point accepter, il serait forcé d'accepter aux risques du fidéicommissaire, sans pouvoir rien retenir. § 5, 7.

Quel était l'effet du sénatus-consulte Pégasien ? — L'héritier, lorsqu'il avait accepté l'hérédité volontairement, était seul considéré comme héritier, et supportait seul les charges. § 5.

Il était obligé de pourvoir à son indemnité par des stipulations au moyen desquelles lui et le fidéicommissaire se tenaient mutuellement compte des créances et dettes de l'hérédité. § 5.

Le sénatus-consulte Pégasien avait-il aboli le Trébellien ? — Non, mais l'hérédité était restituée tantôt en vertu du premier, tantôt en vertu du second.

En vertu du sénatus-consulte Trébellien, lorsque la restitution dont l'héritier était chargé n'excédait pas les trois quarts ; en vertu du Pégasien, dans le cas contraire, soit que l'héritier fît ou non déduction du quart. § 6.

Qu'a fait J   nien ? — Justinien , pour lever toutes di..icultés, a réuni et confondu les deux sénatus-consultes en un , auquel il conserva le nom de Trébellien, et d'après lequel,

1° Le fidéicommissaire est toujours considéré comme héritier pour la part qu'il a reçue;

2° L'héritier peut retenir la quarte trébellianique ;

3° Il est forcé d'accepter , au risque du fidéicommissaire , lorsque celui-ci l'exige.
§ 7.

Quels sont ceux que l'on peut charger de restituer l'hérédité? — Non seulement l'héritier , mais encore ceux qui l'auront reçue de lui , § 11 , mais sans rien déduire.

Peut-on laisser une hérédité fidéic mmissaire ab intestat ? — Oui ; et c'est alors l'héritier *ab intestat* qui est chargé du fidéicommis. § 10.

Mais lorsqu'on le fait par testament , il faut en observer les formalités , et surtout avoir soin d'instituer un héritier. § 2.

Comment peut-on prouver le fidéicommis? — On peut le prouver même en déférant le serment à l'héritier pour le forcer à jurer qu'il n'a été chargé , par le testateur , d'aucune restitution. § 12.

TITRE XXIV.

Des Objets particuliers laissés par Fidéicommis.

Quels sont ceux que l'on peut charger d'un fidéicommis ? — Tous ceux qui auront profité des dispositions du défunt, pourvu qu'ils ne soient pas chargés de rendre plus qu'ils n'ont reçu. *Pr.* §. 1.

Par quels principes sont régis les fidéicommis particuliers ? — Ils sont assimilés aux legs, sauf quelques différences entre la liberté léguée ou laissée par fidéicommis.

A quel esclave peut-on léguer la liberté ? — A celui qui appartenait au testateur aux deux époques de la confection du testament et de la mort.

Alors il a pour patron le testateur même, et il est dit *libertus orcinus.* § 2.

A qui peut-on laisser la liberté fidéicommissaire ? — A tout esclave, même celui d'autrui. L'héritier est tenu de l'acheter, et ensuite de l'affranchir. § 2.

TITRE XXV.

Des Codiciles.

Qu'est-ce qu'un codicile ? — La volonté

d'un homme *testat* ou *intestat*, exprimée dans des formes moins solennelles.

Quelle différence y a-t-il entre un codi-cile et un testament? — On ne peut, par codicile, ni instituer ni déshériter, ni imposer une condition à l'héritier institué. § 1.

On n'a jamais qu'un testament ; on peut faire plusieurs codiciles. § 2.

FIN DU DEUXIÈME LIVRE.

LIVRE III.

TITRE PREMIER.

Des Hérédités déférées ab intestat.

Qu'est-ce qu'un intestat ? — Celui qui n'a point fait de testament, ou dont le testament est resté sans effet. *Pr.*

A qui est alors déférée l'hérédité ? — La loi des douze tables défère l'hérédité d'abord aux héritiers-siens. § 1.

Qu'est-ce qu'un héritier-sien ? — La personne soumise à la puissance paternelle du défunt, lorsqu'elle ne retombe pas sous la puissance d'un autre. § 2.

Dans ce cas devient-on toujours héritier sien ? — Oui, à moins que le père, après sa mort, n'ait été jugé coupable de haute trahison ; alors c'est le fisc qui lui succède. § 5.

Quelle époque faut-il considérer pour savoir si une personne peut être héritier sien ? — L'époque où il est devenu certain que le père de famille n'aura point d'héritier testamentaire. § 7.

Il n'est pas nécessaire d'être né, mais seulement d'être conçu à l'époque de sa mort. § 8.

Les enfants de la fille sont-ils héritiers-siens de leur aïeul ? — Non ; mais cependant ils ont été admis, par les constitutions des princes, à concourir avec eux. § 15, 16.

Comment se partage l'hérédité entre les héritiers-siens ? — Egalement et par têtes, lorsqu'ils sont tous au premier degré ; mais lorsqu'il s'en trouve du second ou du troisième degré, ces derniers représentent leur père, et prennent la part qu'il aurait eue, s'il était resté dans la famille. C'est ce qu'on appèle partager par souches. § 6.

Les enfants sortis de la famille avaient-ils droit à l'hérédité ? — Non, puisqu'ils n'étaient pas héritiers-siens ; mais le préteur les appelait à la possession de biens. § 9, 10, 11, 12, 13.

TITRE II.

De la Succession légitime des Agnats.

Quelles personnes, à défaut d'héritiers-siens, la loi des douze tables appelait-elle à l'hérédité ? — Le plus proche agnat. *Pr.*

A quelle époque se considère la proximité ? — A l'époque où il est devenu certain que le défunt n'a point d'héritier testamentaire. § 1, 6.

N'admet-on que les agnats ? — Justinien, même avant la novelle 118, admit, en concours avec les agnats, les fils et filles de sœur. § 4.

On admettait aussi le père, considéré comme patron de son fils émancipé. § 8.

Comment se partage l'hérédité entre les agnats ? — Par tête, et sans représentation, entre les agnats du degré le plus proche. § 15.

TITRE III.

Du sénatus-consulte Tertullien.

La mère et les enfants étaient-ils admis à l'hérédité l'un de l'autre ? — Non. La mère ne succédait point aux enfants ni les enfants à la mère, parce qu'il n'y avait entr'eux ni héritiers-siens ni agnats. Mais dans la suite cette rigueur fut adoucie par les sénatus-consultes Tertullien et Orphitien. *Pr.* § 1.

Que décidait le sénatus-consulte Tertullien ? — Il admettait à la succession de ses enfants, l'ingénue, mère de trois enfants ; l'affranchie, mère de quatre. § 2.

Qu'a fait Justinien ? — Il admit la mère
à la succession même d'un enfant unique ,
pour moitié, lorsqu'elle concourrait avec
des sœurs, et pour part virile avec des frères
ou des frères et sœurs. § 5.

TITRE IV.

Du Sénatus-consulte Orphitien.

*Que décidait le sénatus-consulte Orphi-
tien ?* — Il admettait, à la succession de la
mère, les fils et filles , par préférence aux
agnats. *Pr.*

Cette faveur fut ensuite étendue aux petits-
enfants. § 1.

*A l'égard de quels enfants s'appliquaient
les sénatus-consultes Tertullien et Orphitien ?* — Même à l'égard des enfants nés hors
des justes noces. § 3.

TITRE V.

De la Succession des Cognats.

Les cognats ont-ils droit à l'hérédité ?
—Non. Ils étaient seulement appelés par
le préteur à la possession de biens , après les
personnes dont il a été question jusqu'ici.

TITRE VI.

Des Degrés de Parenté.

Voyez au livre Ier le titre X *des Noces.*

TITRE VII.

De la Parenté servile.

Qu'est - ce que la parenté servile ?— C'est la parenté qui existe entre des personnes, dont l'une au moins est née dans l'esclavage.

Cette parenté a-t-elle des effets ? — Elle en a toujours pour empêcher les noces après l'affranchissement.

Autrefois elle n'avait aucun effet pour la succession ; mais Justinien a admis les frères à se succéder entr'eux, ainsi qu'à leurs pères et mères. *Pr.*

TITRE VIII.

De la Succession des Affranchis.

Comment se réglait autrefois la succession des affranchis ? — Le testament de l'affranchi faisait loi. *Ab intestat,* la loi des douze tables déférait l'hérédité aux héritiers-siens ; à leur défaut, au patron. *Pr.*

Comment furent augmentés les droits du patron ? — Le préteur accorda au patron la possession de biens, pour moitié, au préjudice des enfants adoptifs, soit *ab intestat*, soit en cas de testament. § 1.

Que décida la loi Papia ? — Elle augmenta encore le droit des patrons ; lorsque l'affranchi laissait un patrimoine de cent mille sesterces et moins de quatre enfants, le patron avait part virile.

Lorsqu'il y avait quatre enfants, le patron était exclu. § 2.

Qu'a fait Justinien ? — Il distingua les affranchis qui avaient moins de cent mille sesterces, de ceux qui en avaient plus.

Dans le premier cas, le testament excluait le patron. *Ab intestat*, le patron fut admis après les enfants.

Dans le second cas, les enfants exclurent encore le patron ; mais à défaut d'enfant, le patron avait, *ab intestat*, tout ; en cas de testament, le tiers sans charges. § 2.

TITRE IX.

De l'Assignation des Affranchis.

En cas de prédécès du patron, à qui passent les droits sur la succession de l'affranchi ? — A ses enfants. Cependant il peut assigner l'affranchi à l'un d'eux, et celui-là seul succède. *Pr.*

Comment se fait l'assignation ? — *Ab intestat*, ou par testament. § 5.

Comment les autres enfants peuvent-ils reprendre leur droit? — Par le prédécès sans enfants, et par l'émancipation de celui à qui l'affranchi a été assigné. *Pr.* § 2.

TITRE X.

Des Possessions de Biens.

Qu'est-ce que la possession de biens ? —La succession prétorienne dans les droits et dans la place d'un défunt.

Les possesseurs de biens sont-ils héritiers? —Non. Le droit civil proprement dit peut seul donner l'hérédité; mais ils sont considérés *comme héritiers.* § 2.

Comment se divisent les possessions de biens ? — En ordinaires et extraordinaires.

On appèle ordinaires celles qui ont un rang fixe dans l'édit du préteur : extraordinaires celles qui n'ont point de rang fixe, et que le préteur promet par une clause générale à tous ceux qui sont appelés par les lois, les sénatus-consultes ou les constitutions. § 4.

Comment se distinguent les possessions de biens ? — En possession de biens testamentaires, et possession de biens *ab intestat. Pr.*

Combien y a-t-il de possessions de biens testamentaires ? — Deux, l'une dite *contra tabulas*, qui se donnait aux enfants émancipés passés sous silence dans le testament.

L'autre, *secundùm tabulas*, à ceux que le préteur voulait admettre, quoiqu'institués par un testament qui n'aurait pas été valable dans la rigueur du droit civil. § 5.

Quelles sont les possessions de biens ab intestat ? — Il y en a quatre données par le préteur. 1° Aux enfans sous puissance ou émancipés, mais non pas aux adoptifs.

2° Aux héritiers légitimes, c'est-à-dire aux agnats et à ceux qui sont considérés comme tels.

3° Aux cognats.

4° Au mari et à la femme. § 3, 4.

Dans quel délai doit être demandée la possession de biens ? — Dans l'année utile, par les ascendants et descendants. Dans les cent jours par les autres parents. § 4.

Comment peut-être acceptée la possession de biens ? — En manifestant d'une manière quelconque, dans les délais ci-dessus, la volonté de l'acquérir. § 6.

TITRE XI.

De l'Acquisition par Adrogation.

Quel est l'effet de l'adrogation ? — Autrefois tous les droits de l'adrogé passaient à l'adrogeant, excepté les droits d'agnation et autres qui se perdaient par la diminution de tête. *Pr.* § 1.

Justinien a restreint le droit du père adrogeant comme celui du père naturel, et il n'a plus que l'usufruit des biens de l'adrogé, sauf ses droits à la succession. § 2.

Comment l'adrogeant est-il tenu des dettes ? — Il n'est pas tenu de plein droit ; mais il peut être poursuivi au nom de l'adrogé, dont les créanciers peuvent faire vendre les biens. § 3.

TITRE XII.

De celui à qui les biens sont adjugés pour conserver les Libertés.

Que devenaient les affranchissements laissés par testament lorsque l'hérédité n'était point acceptée ? — Ils n'avaient aucun effet, comme toutes les autres dispositions testamentaires.

Quels moyens a-t-on donnés pour conser-
ver les affranchissements ? — Marc-Aurèle
permit d'adjuger les biens à celui qui don-
nerait caution de payer les dettes et de
donner la liberté aux esclaves affranchis par
le testateur. *Pr.* § 1.

Dans quel cas a lieu cette adjudication?—
Lorqu'il est devenu certain qu'il n'y a point
d'héritier *ab intestat.*

Pour quels affranchissements ? — Même
pour les affranchissements laissés par fidéicommis. § 3.

TITRE XIII.

Des Successions supprimées qui avaient
lieu par la vente solennelle des biens , et
en vertu du sénatus-consulte claudien.

N'y avait-t-il pas d'autres manières
d'acquérir par universalité ? — Oui. Il y
en avait encore deux autres qui ont été supprimées. La première consistait dans la
vente des biens d'un débiteur , avec beaucoup de formalités. *Pr.*

La seconde avait lieu en vertu du sénatus-
consulte claudien , qui ordonnait que la
femme libre qui s'abandonnerait à sa passion
pour un esclave , après trois avertissements,
tomberait elle-même dans l'esclavage , et
serait acquise avec tous ses biens au maître
de l'esclave. § 1.

TITRE XIV.

Des Obligations.

Qu'est-ce qu'une obligation ? — C'est un lien de droit qui nous astreint à la nécessité de payer une chose , suivant notre droit civil. *Pr.*

L'obligation n'est rien autre chose que le droit personnel, ou à la chose.

Comment se divisent les obligations ?— En obligations naturelles, civiles et mixtes.

Qu'est-ce que l'obligation naturelle ? — L'obligation naturelle est celle qui n'est soutenue que par le droit naturel et l'équité, sans être appuyée par la loi civile.

Elle ne produit point d'action, mais seulement une exception.

Qu'est-ce que l'obligation civile ?—Celle qui ne résulte que des formes extérieures exigées par la loi civile , sans être soutenue par l'équité et par la loi naturelle.

Elle produit une action , mais toujours sujette à être repoussée par une exception.

Qu'est-ce qu'une obligation mixte ? — Celle qui est à la fois soutenue par la loi naturelle et civile , en sorte qu'elle produit une action efficace : on ne parle ici que des obligations mixtes.

Comment se divisent ces obligations ? — En civiles et prétoriennes.

Les obligations civiles sont celles qui ont été confirmées par les lois, plébiscites, sénatus-consultes et constitutions des princes.

Les obligations prétoriennes sont celles qui ont été produites par la juridiction du préteur. § 1.

D'où naissent les obligations ? — Toutes naissent de la loi qui seule peut les confirmer; mais quelques-unes naissent *immédiatement* de la loi; d'autres ne se forment que par un acte, un fait *médiat* exigé nécessairement par la loi même pour produire l'obligation.

Quels sont les faits qui peuvent produire obligation ? — Il y en a de deux espèces, les uns sont licites, ce sont les conventions; les autres sont illicites, ce sont les délits et quasi-délits.

Qu'est-ce que la convention ? — Le concours de deux ou plusieurs personnes dans une même volonté, avec intention de contracter obligation.

Comment se divisent les obligations ? — En pactes, contrats et quasi-contrats.

Qu'est-ce qu'un pacte et un contrat ? — Le pacte est la convention simple et sans cause.

Le contrat est la convention revêtue d'une cause *efficiente.*

Qu'est-ce qu'une cause efficiente ?—C'est une circonstance exigée par la loi civile pour rendre la convention obligatoire.

Comment se divisent les contrats ? — En contrats nommés et innommés.

Le contrat nommé est la convention qui a un nom et une cause.

Le contrat innommé est celui qui a une cause sans nom.

Qu'est-ce que le nom ? — C'est une qualité spéciale attribuée par la loi à certains contrats, de produire chacun une action particulière du même nom que le contrat.

Qu'est-ce que les quasi-contrats ? — Ce sont des obligations qui résultent d'une convention non réelle, mais présumée par la loi d'après un fait licite.

Les pactes ne sont-ils jamais obligatoires ? — Les pactes purs et simples appelés *pactes nus*, ne produisent point d'actions, mais seulement une exception ; cependant il faut les distinguer :

1° Des pactes légitimes ou prétoriens, qui ont reçu de la loi ou du préteur l'effet de produire une obligation civile ou prétorienne.

2° Des pactes joints à un contrat de bonne foi, qui sont censés faire partie de ce contrat.

Enfin, le simple pacte peut devenir un contrat innommé, en recevant une cause.

On peut aussi en faire dès l'origine un contrat nommé , losqu'on revêt la convention
des formes de la stipulation.

Quelle est la cause efficiente des ontrats
innommés ? — C'est l'accomplissement
même de la convention par l'une ou l'autre
des parties. Jusques là ce n'est qu'un simple
pacte.

Combien y a-t-il de contrats innommés ?
—Le nombre en est infini ; cependant comme
toute obligation consiste à *donner* ou *faire*,
les contrats innommés se rangent nécessairement dans l'une des quatre classes suivan-
tes : *do ut des* , *do ut facias* , *facio ut des* ,
facio ut facias.

Quelle est la cause des contrats nommés?
— Il y a quatre causes pour les contrats
nommés, savoir : tantôt la tradition de la
chose , tantôt des paroles solennelles , tantôt l'écriture, tantôt le simple consentement.
§ 2.

Quelles sont les autres divisions des con-
trats ? — Ils se divisent encore en contrats
du droit des gens et du droit civil ; en
contrats unilatéraux et synallagmatiques ;
et enfin en contrats de bonne foi et de droit
strict.

Qu'est-ce qu'un contrat du droit des gens
et du droit civil ? — En général tous les
contrats sont du droit des gens ; mais il y

en a quelques-uns qui ont été introduits par la loi civile , comme la stipulation et l'obligation par écrit.

Qu'est-ce qu'un contrat unilatéral ? — C'est celui qui n'oblige qu'une seule partie, et ne produit qu'une seule action.

Qu'est-cequ'un contrat synallagmatique? — Le contrat synallagmatique ou bilatéral est celui qui oblige réciproquement les parties et produit au moins deux actions.

Il est synallagmatique parfait lorsque les deux parties sont nécessairement obligées l'une envers l'autre , et dès le moment même du contrat, comme dans la vente. Alors les actions qu'il produit sont toutes *directes*.

Il est imparfait lorsque le contrat n'oblige nécessairement qu'une partie, et que l'obligation de l'autre dépend d'une circonstance postérieure, comme dans le dépôt. Alors il produit une action *directe*, et une autre *contraire*.

Qu'est-ce qu'un contrat de bonne foi , et un contrat de droit strict ? — Un contrat de bonne foi est celui d'après lequel on est astreint à tout ce qui est exprimé , mais encore à plusieurs autres obligations qui sont dans la nature même du contrat.

Le contrat de droit strict , n'astreint qu'à ce qui est formellement exprimé.

Les contrats synallagmatiques sont de bonne foi. Les contrats unilatéraux de droit strict.

Tout ce qui entre dans un contrat y est-il nécessaire? — Non. Il faut distinguer les choses qui sont de l'*essence*, celles qui sont de la *nature* du contrat, et celles qui n'y sont qu'*accidentelles*.

On entend par choses de l'*essence* d'un contrat, les choses sans lesquelles le contrat ne pourrait pas subsister; par choses de sa *nature*, celles qui s'y trouvent comprises sans convention spéciale, mais qui pourraient en être séparées; et par choses *accidentelles*, celles qui ne font partie du contrat qu'autant qu'elles y ont été insérées par un pacte exprès.

Quel est l'effet de l'obligation? — Non seulement d'astreindre à accomplir la convention; mais encore à réparer le dommage occasionné par le dol ou la faute.

Qu'est-ce que le dommage, le dol et la faute? — Le dommage est la perte que l'une des parties éprouve, ou le gain dont elle est privée;

Le dol est toute manœuvre frauduleuse, employée pour tromper un autre;

La faute, consiste dans la négligence et l'impéritie, sans fraude.

Combien distingue-t-on de fautes? —

Trois, la faute grave, la faute légère, la faute très-légère ;

La faute grave consiste dans une négligence crasse, qui supposerait une intelligence au-dessous du sens le plus commun et le plus ordinaire ;

La faute légère, consiste à n'avoir pas les soins d'un bon père de famille ;

La faute très-légère, consiste moins dans le défaut de soins que dans le défaut de prévoyance sur des choses difficiles à prévoir.

Est-on également responsable du dol, et des trois espèces de faute. — Non. L'on est toujours tenu du dol et de la faute grave ; chacun est tenu en outre de la faute légère dans les contrats qui sont dans l'intérêt des deux parties ; et lorsque le contrat est dans l'intérêt d'une seule, celle-ci est tenue du dol, de la faute grave, légère et très-légère ; l'autre, du dol et de la faute grave seulement.

TITRE XV.

De quelles manières se contracte une
Obligation par la chose.

Qu'est-ce qu'un contrat réel, et combien y en a-t-il ? — C'est celui qui a pour cause la tradition de la chose, c'est-à-dire, qui n'est parfait, que par cette tradition.

Il y en a quatre ; savoir : le prêt de consommation , le commodat ou prêt à usage , le dépôt, le gage.

Qu'est-ce que le prêt de consommation ? — C'est un contrat du droit des gens, unilatéral, par lequel une personne donne à une autre une chose fongible, à condition de rendre des choses de même quantité, valeur et qualité, après un temps déterminé. *Pr.*

Quelle action naît de ce contrat ? — Une action de droit strict, appelée *condictio certi ex mutuo. Pr.*

Qu'est-ce que le commodat ? — Un contrat du droit des gens synallagmatique imparfait, par lequel une personne livre gratuitement à une autre une chose non fongible pour s'en servir à un usage déterminé, et la rendre après s'en être servi, ou après le temps convenu. § 2.

Quelles actions naissent du commodat ? — Deux actions de bonne foi. L'action de commodat directe, donnée au prêteur contre l'emprunteur pour faire restituer la chose, garantir le dol, la faute grave, légère et très-légère. § 2.

L'action de commodat contraire, donnée à l'emprunteur contre le prêteur pour se faire rendre les dépenses faites sur la chose prêtée.

Qu'est-ce que le dépôt ? — Un contrat du droit des gens synallagmatique imparfait, par lequel une personne livre une chose à une autre pour être gardée gratuitement et rendue lorsque le déposant la demandera.

Quelles actions naissent de ce contrat ? — Deux actions de bonne foi. L'action de dépôt directe, donnée au déposant pour se faire restituer la chose, et garantir le dol et la faute grave. §. 3.

L'action de dépôt contraire, donnée au dépositaire pour se faire rendre les dépenses faites sur la chose.

Combien distingue-t-on de dépôts ? — Deux ; le dépôt proprement dit et le séquestre.

Le dépôt proprement dit se distingue en volontaire, et nécessaire ou misérable.

Le dépôt volontaire est celui qui n'est déterminé que par la pure volonté du déposant et sa confiance dans le dépositaire.

Le dépôt nécessaire ou misérable est celui qui se fait en cas de naufrage, tumulte, incendie, etc.

Le séquestre est le dépôt fait par deux ou plusieurs personnes d'un objet litigieux, entre les mains d'une personne qui ne doit le rendre que sous une condition convenue.

Qu'est-ce que le gage ? — C'est un contrat du droit des gens synallagmatique imparfait, par lequel un débiteur remet une chose à son créancier pour sûreté de la créance, et pour la reprendre après avoir acquitté la dette.

Quelles sont les actions qui naissent de ce contrat? — Deux actions de bonne foi. L'action pignératitienne directe, donnée au débiteur qui a payé, contre le créancier, pour se faire rendre la chose, garantir le dol, la faute grave et légère. § 4.

L'action pignératitienne contraire, donnée au créancier pour répétition des frais faits sur la chose.

Le gage ne peut-il pas être considéré sous un autre rapport? — Oui ; l'on entend aussi par gage le droit réel du créancier sur l'objet affecté à la sûreté de sa créance.

Aux risques de qui est la chose dans ces quatre contrats? — Dans le prêt de consommation, aux risques de l'emprunteur, parce qu'il devient propriétaire ; dans les trois autres, aux risques du prêteur du déposant et du débiteur, qui conservent la propriété. *Pr.* § 2. 4.

TITRE XVI.

Des Obligations par paroles.

Qu'est-ce qu'une obligation par paroles? — Celle qui a pour cause efficiente des paroles solennelles.

Il n'y a, à proprement parler, qu'un seul contrat de ce genre, c'est la stipulation.

Qu'est-ce que la stipulation? — La stipulation est une formule de mots par lesquels celui qui, interrogé s'il fera ou donnera quelque chose, répond qu'il le fera ou le donnera, est obligé à faire ou à donner ce qu'il a promis.

Quelle est la nature du contrat formé par la stipulation? — La stipulation forme un contrat unilatéral du droit civil.

A proprement parler, la stipulation n'est qu'une forme donnée par le droit civil pour rendre une convention obligatoire.

Quelle action naît de ce contrat? — L'action *ex stipulatu*, si la chose est indéterminée; l'action nommée *condictio certi ex stipulatu*, si la chose est déterminée. Toutes deux de droit strict. *Pr.*

Les termes de la stipulation sont-ils sacramentels? — Autrefois ils l'étaient. Maintenant, il suffit que la réponse soit conforme à l'interrogation, encore que l'on parle deux langues différentes, et pourvu que les parties s'entendent. § 1.

Que peut-on insérer dans la stipulation? — On peut faire la stipulation purement et simplement. On peut aussi y insérer une condition, un terme, et faire mention d'un lieu.

Quel est l'effet de la stipulation pure et simple ? — La chose est dûe et peut être demandée sur-le-champ, § 2, sauf le temps nécessaire pour livrer ou exécuter.

Quel est l'effet du terme ; et de l'indication du lieu ? — Le jour cède, c'est-à-dire, que la chose est dûe sur-le-champ ; mais le jour *ne vient* qu'à l'échéance du terme, c'est-à-dire, qu'on ne peut pas demander auparavant. § 2.

L'indication du lieu, emporte naturellement le délai nécessaire pour se transporter au lieu indiqué. § 5.

Quel est l'effet de la condition ? — Elle suspend et l'obligation même et son exécution. Le jour ne cède et ne vient qu'après l'événement de la condition, pourvu qu'elle se reporte à un temps futur. § 4 et 5.

Cependant l'espérance passe aux héritiers du créancier. § 5.

Que peut-on stipuler ? — Non-seulement une chose, mais un fait. § 7.

TITRE XVII.

Des Costipulants et des Copromettants.

Combien de personnes peuvent intervenir dans la stipulation ? — Plusieurs personnes peuvent stipuler d'un seul ou de plusieurs ;

plusieurs peuvent promettre à un seul ou à plusieurs,

Dans ce cas, chacun est créancier et débiteur pour sa part, à moins que les parties ne soient costipulants ou copromettants.

Dans quel cas les parties sont-elles costipulants ou copromettants? — Les parties sont costipulants, lorsque chacune d'elles interroge le promettant, et que celui-ci répond après toutes les interrogations. *Pr.*

Réciproquement les parties sont copromettants, lorsqu'elles sont interrogées par le stipulant, et ne répondent qu'après avoir été toutes interrogées. *Pr.*

Quelle est dans ce cas l'effet de l'obligation? — L'obligation est solidaire, c'est-à-dire, que le tout est dû à chaque créancier, ou par chaque débiteur; mais n'est dû qu'une seule fois, en sorte que l'obligation acquittée envers l'un, ou par l'un, éteint la créance ou la dette de tous les autres. § 1.

TITRE XVIII.

De la Stipulation des Esclaves.

Quelles sont les personnes qui peuvent stipuler? — Les hommes libres et même les esclaves du chef de leur maître. *Pr.*

Quel est l'effet de la stipulation d'un

esclave ? — La stipulation et les avantages qui en résultent, sont acquis au maître de l'esclave ; et, lorsqu'il y en a plusieurs, à chacun en proportion de la part qu'il a dans l'esclave. § 1. 5.

La stipulation est-elle toujours acquise au maître ou à tous les maîtres ? — Non ; lorsque l'esclave stipule un fait, par exemple, qu'on le laissera passer, lui seul peut passer. § 2.

Lorsque la chose stipulée par l'esclave commun est de nature à ne pouvoir être acquise par l'un des maîtres, la stipulation profite seulement aux autres. § 3.

TITRE XIX.

De la Division des Stipulations.

Comment se divisent les stipulations ? — En conventionnelles, prétoriennes, judiciaires et communes. *Pr.*

Qu'est-ce qu'une stipulation conventionnelle ? — Celle qui n'est déterminée que par la convention des parties et leur simple volonté. Il y en a autant que d'affaires différentes. § 3.

Les autres sont des stipulations qui interviennent relativement à diverses garanties que le juge ou le préteur force une personne de donner à une autre.

Quelles sont les stipulations judiciaires? — Celles qui sont ordonnées par le juge, et ne peuvent l'être que par lui, comme la caution du dol, etc. § 1.

Quelles sont les stipulations prétoriennes? — Celles qui ne peuvent être ordonnées que par le préteur, ou les édiles. § 2.

Quelles sont les stipulations communes ? — Celles qui peuvent être ordonnées ou par le préteur ou par le juge, comme la caution du tuteur pour la garantie du pupille. § 4.

TITRE XX.

Des Stipulations inutiles.

Qu'entend-on par stipulation inutile? — C'est une stipulation nulle de plein droit, et sans qu'on ait besoin d'opposer aucune exception pour en détruire l'effet.

Sous combien de rapports une stipulation est-elle inutile? — Sous quatre rapports : à raison, soit de l'objet, soit de la personne qui stipule ou qui promet, soit de la forme, soit du mode.

Quelles sont les choses qui peuvent être l'objet de la stipulation? — Toutes les choses mobilières ou immobilières dont on peut acquérir la propriété. *Pr.*

Mais on ne peut stipuler les choses qui n'existent pas, celles qui sont hors du commerce. § 1. 2.

On ne peut pas non plus stipuler sa propre chose.

Quels sont les faits que l'on peut stipuler et promettre? — Les faits licites et honnêtes. § 24.

On peut stipuler le fait d'autrui ; mais on ne peut promettre que son propre fait, à moins qu'on n'y joigne une clause pénale. § 3. 20.

Quelles sont les personnes qui peuvent stipuler? — Celles qui ont quelqu'intelligence et qui peuvent parler. Ainsi ne peuvent stipuler ni promettre, les fous, les pupilles au-dessous de l'enfance, les muets, les sourds, les absents. § 7. 8. 9. 10. 12.

Quelle est la capacité de l'esclave et du pupille au-dessus de l'enfance? — Ils peuvent stipuler ; mais l'esclave ne peut s'obliger envers personne ; le pupille ne le peut qu'avec l'autorisation du tuteur. § 6. 7.

Toutes personnes capables de stipuler peuvent-elles stipuler l'une de l'autre? — Oui, lorsqu'elles ne sont pas considérées comme une seule et même personne. Par exemple, le père et le fils. § 6.

Pour qui peut-on stipuler? — Pour soi seul ; cependant il faut excepter ceux avec

(120)

qui l'on est censé ne faire qu'une seule et
même personne, à raison de la puissance
paternelle ou dominicale. § 4.

On peut aussi stipuler pour un tiers, lorsqu'on y a intérêt, ou lorsqu'on y joint une
clause pénale. § 19. 20.

En quoi consiste la forme de stipulation?
— Dans une interrogation et une réponse
conformes; et qui, dans l'intention des parties, ont le même objet.

Ainsi la stipulation est inutile, lorsqu'on
demande une chose et qu'on en promet une
autre, ou bien lorsque le stipulant pense à
une chose, le promettant à une autre. § 5 et
23.

*Qu'entend-on par le mode de la stipula-
tion?* — Tout ce qui modifie l'obligation,
comme une condition, un terme, etc.

*Quelles conditions peut-on mettre dans
la stipulation?* — Toutes les conditions pos-
sibles. La condition impossible vicie l'obligation. § 11.

Quels termes peut-on y mettre? — Autrefois on ne pouvait fixer le terme *après la
mort*, ou *à la veille de la mort*, soit du
stipulant, soit du promettant; ni à une époque antérieure à l'évènement de la condition.
Justinien a levé ces prohibitions. § 13 et 14.

TITRE XXI.

Des Fidéjusseurs.

Qu'est-ce qu'un fidéjusseur et la fidé-jussion? — C'est une personne qui s'oblige pour une autre personne déjà obligée, afin d'assurer davantage le droit du créancier. *Pr.*

La fidéjussion est donc une stipulation accessoire d'une obligation principale.

A quelle obligation peut-elle être jointe? — A toute obligation contractée, soit par la chose, soit par paroles, soit par écrit, soit par le consentement.

Il suffit d'une obligation naturelle. § 1.

A quelle époque peut se contracter la fidéjussion? — Avant ou après l'obligation principale. Mais le fidéjusseur ne peut être obligé ni avant, ni plus long temps que le débiteur principal. § 3.

Quelle peut être l'étendue de la fidéjus-sion? — Le fidéjusseur ne peut s'obliger à plus que le débiteur principal. Mais il peut s'obliger à moins. § 5.

Comment sont tenus les fidéjusseurs? — Chacun d'eux lorsqu'il y en a plusieurs sont tenus pour la totalité ; sans recours les uns contre les autres ; mais ils peuvent éviter cet inconvénient par les bénéfices de division et de cession d'actions.

Ils peuvent être poursuivis, même avant le débiteur principal ; ce qu'ils peuvent encore éviter par le bénéfice de discussion.

En quoi consistent ces trois bénéfices de division, de cession d'actions et de discussion ? — Le bénéfice de division est une exception accordée à chacun des cofidéjusseurs poursuivi en totalité, pour forcer le créancier à poursuivre chaque fidéjusseur solvable, pour sa part. § 4.

Le bénéfice de cession d'actions est une exception donnée au fidéjusseur qui paie la totalité pour forcer le créancier à le subroger dans ses droits et actions contre les autres fidéjusseurs.

Enfin le bénéfice de discussion, est une exception donnée au fidéjusseur poursuivi avant le débiteur principal, pour forcer le créancier à poursuivre auparavant le débiteur.

Quel recours le fidéjusseur a-t-il contre le débiteur principal ? — Le fidéjusseur peut répéter par l'action de mandat, contre le débiteur principal, ce qu'il a payé pour lui. § 6.

TITRE XXII.

Des Obligations par écrit.

Qu'est-ce que l'obligation par écrit? — C'est un contrat unilatéral du droit civil, par lequel celui qui a reconnu, par écrit, avoir reçu une somme qu'il n'a ni reçue, ni promise par stipulation, et qui a laissé passer le délai de deux ans, est obligé par son billet seul.

Quelle action naît de ce contrat? — Une action de droit strict, nommée *condiction chyrographaire.*

Comment peut être repoussée cette action? — Par l'exception *non numeratæ pecuniæ*, qui oblige alors le créancier à prouver que le débiteur a reçu l'argent.

Cette exception ne dure que deux ans; mais elle peut être perpétuée par une protestation du débiteur faite dans le même délai.

TITRE XXIII.

Des Obligations par le consentement.

Qu'est-ce qu'une obligation par le consentement? — Celle qui est parfaite par le consentement des parties sans aucune autre cause.

Combien y en a-t-il? — Cinq; savoir :

la vente, le louage, l'emphytéose, la société,
le mandat.

TITRE XXIV.

De la Vente.

Qu'est-ce que la vente? — C'est un contrat synallagmatique parfait, du droit des gens, par lequel une personne s'oblige de faire avoir une chose à une autre personne, moyennant un prix déterminé.

Combien de choses dans l'essence de la vente? — Trois ; le consentement, la chose, le prix.

Le simple consentement suffit-il ? — Oui, lorsqu'on est d'accord sur la chose et le prix, encore que l'on n'ait pas donné d'arrhes.

Cependant lorsqu'on est convenu que la vente serait faite par écrit, le contrat n'est parfait que lorsqu'il ne manque plus rien à l'acte. *Pr.*

Quelles choses peut-on vendre ? — Toutes les choses qui sont dans le commerce ; ainsi l'on ne pourrait pas vendre un homme libre, un lieu sacré ou religieux. § 5.

Qu'est-ce que le prix ? — C'est la somme que l'acquéreur donne pour qu'on lui fasse avoir la chose.

Le prix doit être réel, déterminé en argent, fixé dès l'origine du contrat, ou remis par les parties à l'arbitrage d'une personne désignée. § 12.

Quelles sont les choses de la nature de la vente ? — Il est de la nature de la vente de mettre la chose aux risques de l'acquéreur. § 3. D'obliger le vendeur à garantir l'acquéreur de toute éviction, etc.

Quelles sont les choses accidentelles à la vente ? — Les conditions que l'on peut y insérer. § 4. Les arrhes et une infinité d'autres pactes.

Qu'est-ce que les arrhes et quel en est l'effet ? — Les arrhes sont ce qui est donné au vendeur par l'acquéreur pour sûreté de la vente contractée ou à contracter.

Dans ce dernier cas seulement, chaque partie peut se désister, l'une en perdant les arrhes données, l'autre en restituant au double les arrhes reçues. *Pr.*

Quelles actions naisssent de la vente ? — Deux actions directes de bonne foi. L'action *empti* pour l'acquéreur, et l'action *venditi* pour le vendeur.

TITRE XXV.

Du Louage.

Qu'est-ce que le louage ? — Un contrat

du droit des gens, synallagmatique parfait, par lequel une personne s'oblige à fournir la jouissance d'une chose, ou une industrie non libérale, moyennant un prix, et pour un temps déterminé.

Quel rapport le louage a-t-il avec la vente ?—Comme dans la vente, trois choses sont de l'essence du louage : le consentement, la chose et le prix. *Pr.*

Comme dans la vente, le louage est parfait dès que l'on est convenu du prix ; et le prix qui peut être remis à l'arbitrage d'un tiers, doit aussi être déterminé en argent. § 1. 2.

Aux risques de qui est la chose louée, et quelle est la responsabilité du preneur ? — La chose louée n'est point aux risques du preneur ; mais il est tenu de son dol, de la faute grave et de la faute légère. § 5.

Comment se distingue le louage de la vente ? — Il y a vente toutes les fois qu'une personne veut acquérir sans fournir autre chose que l'argent du prix ; il y a louage d'industrie lorsqu'on fournit la matière à l'ouvrier. § 4.

La vente a pour but de transférer la propriété ; le louage de faire jouir.

Entre qui le louage a-t-il effet ? — Entre les contractants et leurs héritiers. § 6.

Quelles actions produit le louage ?—Deux actions directes de bonne foi ; l'action *locati* pour celui qui doit recevoir le prix, et l'action *conducti* pour celui à qui l'on a loué la chose ou l'industrie. *Pr.*

Qu'est-ce que l'emphytéose ? — C'est un contrat synallagmatique parfait, du droit civil, par lequel des terrains incultes ou stériles sont cédés à perpétuité ou pour un temps très-long, sous la condition de les amé-liorer, et de payer une redevance annuelle en reconnaissance de la propriété.

Quel est l'effet de ce contrat ? — La perte totale est aux risques du bailleur, la perte partielle aux risques de l'emphytéote.

Tant que celui-ci paie la redevance, le bailleur ne peut enlever la chose au preneur, ou aux personnes qui l'auront reçue de lui. § 3.

Quelle action résulte de ce contrat ? — Une double action d'emphytéose, directe de part et d'autre.

TITRE XXVI.

De la Société.

Qu'est-ce que la société ? — C'est un contrat du droit des gens, synallagmatique parfait, par lequel deux ou plusieurs person-nes conviennent de mettre en commun les

(128)

profits et les risques d'une chose ou d'une opération licite.

Combien distingue-t-on de sociétés? — Deux : la société de tous biens, et la société particulière pour un objet ou une opération déterminée. *Pr.*

Comment se partagent le gain et la perte? — Egalement lorsqu'on n'est convenu de rien ; sinon d'après les parts déterminées par la convention. § 1.

Les parts exprimées pour le gain seulement sont les mêmes pour la perte, et réciproquement. § 3.

Pourrait-on établir des parts différentes dans le gain et dans la perte ? — Oui ; l'on pourrait même convenir que l'un des associés aurait part au gain sans être tenu de la perte ; mais on ne calcule le gain qu'après déduction de toutes les pertes. § 2.

Comment finit la société ? — De cinq manières : par la renonciation de l'un des associés qui en se retirant détruit la société, même à l'égard des autres ; par la mort de l'un des associés, par la cession ou par la confiscation de ses biens ; par la fin de l'opération ou du temps fixé. § 4, 5, 6, 7, 8.

Quelle est la responsabilité des associés les uns envers les autres ? — Chacun est tenu de son dol, de la faute grave et légère. § 9.

Quelle action résulte de la société ? — Une action de bonne foi, nommée *pro socio*, donnée à chaque associé contre les autres. § 9.

TITRE XXVII.

Du Mandat.

Qu'est-ce que le mandat ? — C'est un contrat, du droit des gens, synallagmatique imparfait, par lequel une personne confie une opération licite à une personne qui s'en charge gratuitement.

De combien de manières se contracte le mandat ? — De cinq manières : dans l'intérêt du mandant seul ; soit du mandant et du mandataire ; soit d'un tiers seul ; d'un tiers et du mandant ; soit d'un tiers et du mandataire. § 6.

Le mandat peut-il intervenir dans l'intérêt du mandataire seul ? — Non. Ce ne serait alors qu'un conseil non obligatoire. § 6.

Sur quelles choses peut intervenir le mandat ? — Sur un fait licite et non contraire aux bonnes mœurs : tout autre mandat ne produirait point d'action. § 7.

Quel est le devoir du mandataire ? — Le mandataire n'est obligé d'exécuter le mandat qu'après l'avoir accepté ; mais alors il doit se renfermer dans les bornes du mandat ;

et il est garant de la faute légère. § 8 , 11.

Le mandat peut-il être modifié ? — Oui. Il peut être contracté sous condition , à terme ou pour un certain temps. § 12.

Il est gratuit de sa nature , et le salaire fixé changerait le mandat en un contrat de louage. § 13. Cependant on peut convenir d'honoraires qui se poursuivent par une demande extraordinaire.

Comment se résout et finit le mandat?— Il se résout par la mort du mandant ou du mandataire, par la révocation du mandant, faite avant l'exécution ; par la renonciation en temps utile du mandataire. § 9, 10, 11.

Il finit par l'exécution même, par l'événement du terme ou de la condition.

A quelles actions donne lieu le mandat? — A deux actions de bonne foi. L'action directe *de mandat* , donnée au mandant pour se faire rendre compte ; l'action contraire donnée au mandataire pour se faire indemniser.

TITRE XXVIII.

Des Obligations qui naissent des Quasi-contrats.

Qu'est ce qu'un quasi-contrat ? — Un

(131)

fait licite et honnête, qui nous oblige à notre insu, par suite d'un consentement présumé.

Quels sont les principaux quasi-contrats ? — Il y en a cinq principaux, qui sont la gestion d'affaires, la tutèle, la communauté, l'acquisition d'hérédité, le paiement d'une chose indue.

Qu'est-ce que la gestion d'affaires ? — C'est un quasi contrat qui se forme entre une personne absente dont les affaires ont été gérées à son insu, et celui qui les a gérées utilement. §. 1.

En quoi diffère-t-il du mandat ? — En ce qu'ici le gérent agit à l'insu du propriétaire.

Quelles obligations et quelles actions produit ce quasi-contrat ? — Il oblige le gérent à rendre compte de son administration, et le rend responsable de la faute très-légère.

Le propriétaire est réciproquement obligé à indemniser le gérent des dépenses qu'il a faites utilement.

De là résultent deux actions de bonne foi, *negotiorum gestorum ;* l'une directe pour le propriétaire, l'autre contraire pour le gérent. § 1.

Quelles obligations et quelles actions produit la tutèle ? — Elle produit aussi deux actions de bonne foi ; l'action directe de tutèle donnée au pupille contre le tuteur après la tutèle finie, pour faire rendre compte et garantir la faute légère ; l'action contraire de tutèle donnée au tuteur contre le pupille, pour indemnité de ses dépenses. §. 2.

Qu'est-ce que la communauté ? — C'est un quasi-contrat par lequel ceux auxquels une chose appartient en commun sans convention, sont mutuellement obligés à se tenir compte des profits, des pertes et des dépenses faits sur la chose.

En quoi diffère-t-elle de la société ? — En ce que la communauté se forme sans aucune convention des parties et à leur insu, par exemple entre les colégataires et entre les héritiers. §. 4, 5.

Quelle action produit ce quasi-contrat ? — L'action *familiæ erciscundæ* entre les cohéritiers ; et entre les copropriétaires d'un objet particulier, l'action *communi dividundo*. §. 4, 5. Ces deux actions sont de bonne foi.

Quelle obligation résulte-t-il du paiement d'une chose indue ? — Ce paiement oblige celui qui a reçu à rendre la chose reçue jusqu'à concurrence de ce dont il est devenu plus riche.

Quelle action produit ce quasi-contrat ?

— Une action de droit strict, nommée *condictio indebiti*. §.6.

Dans quel cas a-t-elle lieu? — Lorsque le paiement n'étant dû en vertu d'aucune obligation, même naturelle, a été fait par erreur. § 6.

Elle cesse dans tous les cas où l'obligation sur laquelle il y aurait eu erreur, aurait été de nature à doubler par le refus de paiement, c'est-à-dire, dans le cas de la loi *aquilia*, des legs pieux, et du dépôt misérable. § 7.

TITRE XXIX.

Par quelles Personnes une Obligation nous est acquise.

Par quelles personnes acquiert-on une obligation? — Par soi-même, par les personnes soumises à notre puissance, par les esclaves d'autrui, dont nous avons l'usufruit; par les esclaves d'autrui, ou les hommes libres, que nous possédons de bonne foi, d'après les règles que nous avons exposées liv. II, tit. 9. liv. III, tit. 18.

TITRE XXX.

De quelles Manières se dissolvent les Obligations.

Comment se dissolvent les obligations?

Ou de plein droit, ou par une exception opposée à l'action.

Combien de manières de les dissoudre de plein droit?—Cinq ; savoir : le paiement, la perte de la chose, l'acceptilation, la novation, le mutuel dissentiment.

Qu'est-ce que le paiement? — L'accomplissement réel de l'obligation.

Par qui peut être fait le paiement? — Par le débiteur même, ou par toute autre personne.

Il suffit qu'il soit fait par une personne capable d'aliéner la chose payée.

Le paiement est-il toujours réel? — Non; on distingue plusieurs espèces de paiements fictifs qui sont la compensation, lorsque le créancier devient aussi débiteur d'une autre obligation; la confusion, lorsque les deux qualités de créancier et débiteur se réunissent sur la même tête ; les offres et la consignation, lorsque le créancier ne veut pas recevoir.

Dans quel cas la perte de la chose éteint-elle l'obligation? —Lorsque la dette a pour objet un corps certain, qui périt ou sort du commerce par cas fortuit, avant que le débiteur fût en demeure.

Qu'est-ce que l'acceptilation?—C'est une formule de mots, composée comme la stipulation d'une interrogation et d'une réponse , au moyen de laquelle le créancier libère le débiteur d'une obligation contractée par stipulation.

A quelles obligations s'applique-t-elle ? Aux stipulations seulement ; parce que chaque chose doit se dissoudre comme elle a été formée. § 1.

Comment fait-on pour éteindre par acceptilation une autre espèce d'obligation ? On la transforme en une stipulation ; et l'on détruit celle-ci par une acceptilation. Dans ce cas, elle s'appèle *acceptilation acquilienne.* § 2.

Qu'est-ce que la novation ? — C'est l'extinction d'une première obligation par la substitution d'une seconde.

Que faut-il pour opérer novation ? — Il faut que les parties aient eu intention de nover et l'aient exprimé formellement. Sans quoi il existe deux obligations, et la première n'est pas éteinte. § 3.

Comment se fait la novation ? — Par le changement de débiteur, par le changement de créancier, ou par le changement seul d'obligation. § 3.

Dans le premier cas, elle s'appèle aussi *délégation.*

Qu'est-ce que le mutuel dissentiment ?

— C'est une convention contraire à la première.

Quelles obligations éteint-il? — Les obligations qui se forment par le seul consentement; à l'égard des autres, il ne produirait qu'une exception.

Dans quel cas dissout-il les obligations consensuelles? — Lorsque les choses sont encore entières; par exemple, dans la vente, lorsque le prix n'a point été payé ni la chose livrée. § 4.

FIN DU TROISIÈME LIVRE.

LIVRE IV.

TITRE PREMIER.

Des Obligations qui naissent des Délits.

Qu'est-ce qu'un délit ? — Un fait illicite, commis par dol, pour nuire à autrui.

Quelles obligations générales en résulte-il ? — Le délit oblige d'abord à une indemnité envers la partie lésée, et ensuite à une peine.

Comment se divisent les délits ? — En délits publics, ou privés, suivant qu'ils blessent l'intérêt général ou particulier. On ne s'occupe ici que des délits privés.

Combien y en a-t-il ? — Quatre : le vol, le rapt, le dommage causé à tort, et l'injure. *Pr.*

Qu'est-ce que le vol ? — Le vol est la soustraction frauduleuse, que l'on fait avec l'intention d'en tirer profit, soit d'une chose même, soit de la possession ou de l'usage même de cette chose. § 1.

12.

Que faut-il pour qu'il y ait vol de la chose ? — Il faut qu'elle ait été soustraite avec l'intention de voler, et à l'insu du propriétaire. § 7, 8 et 18.

Dans quel cas y a-t-il vol de l'usage, ou de la possession ? — Il y a vol de l'usage, lorsqu'on emploie une chose à un autre usage que celui pour lequel on nous l'a confiée, pourvu qu'on le fasse de mauvaise foi. § 6 et 7.

Il y a vol de la possession, par exemple, lorsque le débiteur soustrait la chose donnée en gage à son créancier. § 10.

Combien distingue-t-on de vols ? — On distingue le vol manifeste, et non manifeste.

Il y a vol manifeste, non-seulement lorsque le voleur a été pris sur le fait; mais encore lorsqu'il a été aperçu par le maître de la chose, ou par un autre avant d'avoir porté la chose au lieu destiné. § 3.

Dans tous les autres cas, le vol est non manifeste.

A quelle action le vol donne-t-il lieu?— A l'action de vol.

Elle n'a pour but que la punition du vol, qui est du double de la valeur de la chose dans le vol manifeste; du quadruple dans le vol non manifeste, sans préjudice de la restitution de la chose même. § 5 et 19.

A qui appartient l'action de vol? A celui

qui avait intérêt à ce qu'elle ne fût point soustraite ; ainsi elle appartient au créancier gagiste, et dans certains cas à l'emprunteur, ou dépositaire. § 13, 14, 15, 16 et 17.

Elle n'appartient au propriétaire lui-même, qu'autant qu'il avait intérêt. § 13.

Contre qui est donnée cette action ? — Contre le voleur, et contre celui qui a recélé ou aidé le vol. § 4 et 11.

Est-elle toujours donnée contre tout voleur ? — Non. Il n'y a pas lieu à l'action de vol, contre le fils de famille, ou l'esclave qui a volé son père ou son maitre ; mais du reste le vol conserve tous ses effets, à l'égard des autres. § 12.

Par qui et comment peut être demandée la restitution de la chose ? — Par le propriétaire ; il a pour cela deux actions :

La revendication, action réelle, contre tout détenteur de l'objet volé.

La condiction furtive, action personnelle, contre le voleur, même lorsqu'il ne possède plus la chose, et que par conséquent on n'a plus contre lui la revendication. § 19.

TITRE II.

De l'Action des Biens enlevés par force.

Qu'est-ce que le rapt ; en quoi diffère-t-il du vol ? — C'est l'enlèvement d'une chose à force ouverte ; et c'est en cela qu'il diffère du vol qui se fait secrètement.

On ne vole que les meubles. On ravit par force les meubles et les immeubles.

A quelle action donne lieu le rapt ? — A l'action du vol ; quoiqu'il y ait pour cela une action particulière nommée *vi bonorum raptorum*. *Pr.*

A quoi tend cette action ? — A faire payer le quadruple, pourvu qu'on agisse dans l'année. Mais dans ce quadruple est comprise la restitution de la chose. La peine n'est que du triple.

Elle a lieu même pour le rapt non manifeste. *Pr.*

Dans quel cas a-t-elle lieu ? — Dans tous les cas où on aurait l'action de vol pour une chose soustraite secrètement, on a l'action *vi bonorum raptorum* pour une chose enlevée de vive force. § 2.

Peut-il y avoir rapt sans dol ? — Non ; et par conséquent on n'est point tenu de cette action lorsqu'on enlève une chose que l'on croit sienne. § 1.

Peut-on impunément enlever sa propre chose ou celle que l'on croit à soi ? — Non ; parce qu'il n'est pas permis de se faire justice à soi-même. Celui qui ravit sa propre chose, en perd la propriété ; celui qui ravit la chose d'autrui, restitue la chose et en paye en outre la valeur. § 1.

TITRE III.

De la loi Aquilia.

Qu'est-ce que la loi Aquilia ? — C'est un plébiscite rendu sur la proposition de Gallus Aquilius, pour répression du dommage causé à tort.

Qu'entend-on par dommage, et dans quel cas donne-t-il lieu à l'action de la loi Aquilia? — Toute diminution de notre patrimoine. Lorsqu'on fait tort à quelqu'un en usant de son droit, on n'est tenu de rien. Aussi l'action de la loi Aquilia ne s'applique qu'au dommage causé à tort, c'est-à-dire, sans aucun droit, et par dol, ou même par simple faute ou impéritie. § 2, 3, 4, 5, 6, 7, 8, 14.

Combien de chefs avait la loi Aquilia?— Trois ; mais on ne connaît point l'objet du second. § 18.

Que portait le premier ? — Le premier chef portait que celui qui aurait tué à tort l'esclave d'autrui ou un quadrupède du nombre de ceux qui paissent en troupeau, serait condamné à payer au maître, tout ce que cet esclave ou ce quadrupède avait pu valoir dans l'année. *Pr.* § 9.

N'a-t-on égard qu'à l'esclave ou au qua-
drupède perdu ? — La loi Aquilia ne portait
pas l'indemnité au-delà ; mais par interpré-
tation elle a été étendue au dommage extrin-
sèque résultant de la perte de la chose même,
par exemple, à l'hérédité perdue par la mort
de notre esclave tué avant d'avoir accepté.
§ 10.

Le meurtre d'un esclave ne peut-il être
poursuivi que par l'action de la loi Aquilia ?
— Il peut aussi être poursuivi criminellement. § 11.

Que portait le troisième chef ? — Il
s'appliquait à tout autre dommage comme la
blessure d'un esclave ou d'un quadrupède
du nombre de ceux qui paissent en troupeau ;
la mort ou la blessure d'un autre animal.
§ 13.

L'action était alors donnée pour la plus
haute valeur que la chose a eue dans les
trente jours précédents. § 14, 15.

Dans quel cas a lieu l'action directe et
l'action utile de la loi Aquilia ? — L'action
directe de la loi Aquilia n'a lieu que quand
le dommage a été causé sur un corps avec le
corps ; l'action utile, lorsqu'il a été causé
sur un corps, mais non avec le corps.

Dans les autres cas on a simplement l'action *in factum.* § 16.

TITRE IV.

Des Injures.

Qu'est-ce qu'une injure ? — Ce mot est susceptible de plusieurs sens.

En général il comprend tout ce que l'on fait sans en avoir le droit. *Pr.*

Ici il signifie spécialement *offense*, *insulte*.

Comment se fait l'injure ? — Par des coups, des paroles ou des écrits, et de plusieurs autres manières. § 1.

Par qui souffre-t-on une injure ? — Non-seulement par soi-même, mais par les enfants que l'on a sous sa puissance, par son épouse, et même par son esclave, lorsque les mauvais traitements qu'il a reçus ont été ouvertement dirigés à la honte du maître. § 2, 3.

Comment se poursuit l'injure ? — Criminellement, en vertu de la loi Cornelia, ou civilement par l'action d'*injures*. § 8, 10.

A combien est-on condamné par l'action d'injures ? — La loi des douze tables avait déterminé la peine ; mais les préteurs en ont laissé l'estimation à l'arbitraire du juge, qui doit la fixer d'après le rang et la qualité des personnes. § 7.

D'après quelles circonstances juge-t-on la

gravité des injures ? — Par la manière même dont elles ont été faites ; d'après le lieu où elles ont été reçues ; d'après la partie du corps où l'on a été offensé ; enfin, d'après le rang de la personne insultée. § 9.

Delà la distinction des injures graves ou simples.

Contre qui est donnée cette action ? — Non seulement contre l'auteur même des injures ; mais aussi contre celui qui la fait commettre. § 11.

Comment s'éteint l'action d'injures ? — Par la dissimulation, c'est-à-dire le mépris même que fait de l'injure la personne injuriée. § 12.

Par la rémission expresse ou tacite qui résulte de la réparation ou du silence gardé pendant un an ; enfin par la mort de l'une ou l'autre partie.

TITRE V.

Des Obligations qui naissent des Quasi-délits.

Qu'est-ce qu'un quasi-délit ? — Un fait illicite, commis sans dol, par simple faute.

Quels sont les principaux quasi-délits ? — Il y en a quatre, qui résultent d'avoir rendu par impéritie un mauvais jugement, d'avoir répandu ou jeté quelque chose, d'avoir posé ou suspendu un objet qui pouvait nuire ; enfin, du vol commis dans une auberge ou un navire.

A quoi est obligé celui qui rend un mauvais jugement par impéritie ? — Il fait le procès sien ; c'est-à-dire qu'il est obligé de prendre la cause sur lui et de la défendre à ses risques et périls.

Quelle obligation résulte-t-il de ce qu'on a jeté ou répandu, posé ou suspendu quelque chose ? — L'obligation de payer dans le premier cas le double du dommage causé ; lorsqu'un homme libre a été tué, cinquante pièces d'or ; et lorsqu'il a été blessé, une indemnité fixée par le juge. § 1.

Pour les objets posés ou suspendus, la peine est de dix pièces d'or.

Qui peut être tenu de cette obligation ?—
Le père de famille dont les esclaves ou les enfants ont commis la faute ; mais il n'est pas tenu, lorsque son fils de famille habite séparément, et qu'on a jeté ou répandu quelque chose de sa maison. § 2.

Quelle obligation résulte-t-il du vol commis dans une auberge ou un navire ?—
L'obligation pour le maître de l'auberge ou du navire d'indemniser les voyageurs et les passagers, quoique le vol n'ait pas été commis par lui. § 3.

A quelle action donnent lieu les quasi-délits ?— A une action *in factum*, qui passe aux héritiers, mais non contre les héritiers. §3.

TITRE VI.

Des Actions.

Quel est le troisième objet du droit ?— Les actions. Une action est le droit de poursuivre en jugement ce qui nous est dû. *Pr.*

Dans ce sens l'action est une chose incorporelle. Mais considérée comme troisième objet du droit, l'action est la marche légale pour parvenir à ce qui nous appartient ou ce qui nous est dû.

Comment se divisent les actions ?— Il y a dans ce titre six divisions des actions. On distingue, 1° les actions personnelles et réelles; 2° les actions civiles et prétoriennes; 3°. les actions en indemnité, pénales et mixtes; 4° les actions au simple, au double, au triple, au quadruple; 5° les actions de bonne foi, de droit strict, et arbitraires; 6° les actions réductibles et non réductibles.

Qu'est-ce qu'une action réelle et une action personnelle ? — L'action réelle est celle que l'on exerce contre une personne qui n'est engagée envers nous par aucune obligation, mais à raison d'une chose qu'elle détient et sur laquelle nous avons un droit réel.

L'action *personnelle* est celle que l'on exerce contre une personne engagée envers nous par une obligation quelconque pour la forcer à donner ou à faire quelque chose.

§ 1.

A quelles actions donnent lieu les droits réels ? — Le droit de propriété donne lieu à cinq actions réelles, savoir : pour réclamer une universalité, deux actions civiles, la *pétition d'hérédité*, la *plainte de testament inofficieux ;* pour réclamer les choses particulières, une action civile, la *revendication*, deux actions prétoriennes, appelées l'une *publicienne* et l'autre *quasi-publicienne* ou *rescisoire*.

Le droit de servitude, à deux actions civiles, l'une *confessoire* et l'autre *négatoire*.

Le droit de gage, à trois actions prétoriennes, savoir : pour le gage conventionnel les actions *servienne* et *quasi-servienne*, et pour le gage judiciaire, une action *révocatoire* que l'on confond ordinairement avec l'action *paulienne*.

L'état des personnes donne lieu aux actions *préjudicielles*.

Qu'est-ce que la pétition d'hérédité, et la plainte de testament inofficieux ? —La pétition d'hérédité est l'action donnée au véritable héritier contre celui qui détient comme héritier ou comme possesseur, pour faire reconnaître sa qualité et restituer l'hérédité.

Nous avons parlé de la plainte de testament inofficieux, livre II, titre XVIII.

Qu'est-ce que la revendication ? — C'est l'action donnée au véritable propriétaire d'une chose corporelle, contre tout détenteur pour se la faire restituer.

Qu'est-ce que les actions publicienne et quasi publicienne ? — L'action publicienne est celle qui est donnée au possesseur de bonne-foi qui a perdu la possession par cas fortuit et avant d'avoir prescrit, contre tout détenteur, excepté le véritable propriétaire, pour se faire rendre la chose, comme s'il l'avait prescrite. § 3, 4.

L'action quasi-publicienne ou rescisoire est celle qui est donnée, dans certains cas, à l'ancien propriétaire d'une chose prescrite, pour faire resciuder l'usucapion, et se faire rendre la chose comme si elle n'avait pas été prescrite. § 3, 5.

Qu'est-ce que les actions confessoire et négatoire ? — L'action confessoire est donnée à celui qui a un droit de servitude sur un héritage, contre tout détenteur, pour obtenir le libre exercice de son droit.

L'action négatoire, au contraire, est celle par laquelle le propriétaire d'un fonds agit contre celui qui exerce une servitude sur ce fonds pour faire déclarer qu'il n'existe point de servitude. § 2.

Quelles sont les actions servienne et quasi servienne ? — L'action servienne est celle par laquelle le bailleur poursuit les objets qui ont été expressément affectés par le preneur à la sûreté des fermages.

L'action quasi-servienne ou *hypothécaire* est celle par laquelle le créancier poursuit, contre tout détenteur, les objets affectés par le débiteur à la sûreté de sa créance. § 7.

Qu'est-ce que l'action révocatoire ? — C'est l'action donnée aux créanciers envoyés en possession des biens de leur débiteur pour reprendre les choses aliénées par le débiteur, en fraude de leur droit, après l'envoi en possession. § 6. (1)

Qu'est-ce que les actions préjudicielles ? — Ce sont les actions qui ont pour objet de faire reconnaître l'état des personnes, par exemple, de faire décider si telle personne est libre ou esclave, ingénue ou affranchie, légitime ou non. La première est civile, les autres sont prétoriennes.

---

(1) V. *Voet. ad Pandectas*, liv. 42, tit. 8, n° 12.

13.

On les appèle préjudicielles , parce que la question d'état est toujours jointe à une autre question sur les droits attachés à cet état , et qui se trouve préjugée par le jugement même sur la question d'état.

D'où naissent les actions personnelles ? — Des obligations tant civiles que prétoriennes.

Nous avons déjà parcouru les actions qui résultent des contrats nommés , des quasi-contrats , des délits et des quasi-délits.

A l'égard des contrats innommés , ils donnent tous lieu à une action civile nommée *præscriptis verbis.*

Quant aux pactes , les pactes nus ne produisent aucune action ; les pactes joints à un contrat de bonne-foi , produisent la même action que le contrat ; les pactes légitimes ; une action personnelle nommée *condictio ex lege* ; les pactes prétoriens , diverses actions prétoriennes , dont les principales sont les actions de *constitut* et du *serment* , et celle du pécule dont il est parlé au titre suivant , § 8.

Qu'est-ce que l'action du constitut ? — Celle qui est donnée au créancier contre celui qui a promis , par un simple pacte , de payer ce qu'un autre ou lui-même devait. § 9.

Et l'action du serment ? — C'est celle

qui est donnée à celui qui, sur le serment déféré par son adversaire, a juré qu'une chose lui était due, pour faire payer ce qu'il a juré être dû. § 11.

Les actions prétoriennes ne naissent-elles que des pactes prétoriens ? — Les préteurs ont établi quelques actions pénales contre ceux qui contreviendraient à certaines prohibitions portées par leurs édits. § 12.

C'est aussi par le droit prétorien qu'a été introduite l'action paulienne pour empêcher que les créanciers fussent lésés par la fraude de leur débiteur.

Qu'èst-ce que l'action paulienne ? — C'est une action donnée pendant un an aux créanciers pour faire révoquer les aliénations faites par le débiteur en fraude de leur droit, contre ceux qui ont participé à la fraude ou qui en ont profité.

Toutes les actions sont-elles absolument personnelles ou réelles ? — Il y en a quelques-unes qui, bien que résultant d'un droit réel, ont cependant un caractère mixte à cause des obligations personnelles qui résultent de la communauté ; ce sont les trois actions *communi dividundo, familiæ erciscundæ* et *finium regundorum*, § 20.

Qu'est-ce qu'une condiction ? A qui peut être donnée cette action ? — C'est une action personnelle par laquelle on demande que l'on nous donne une chose, c'est-à-dire que l'on nous en rende propriétaire.

La condiction ne peut être donnée qu'à celui qui n'est pas propriétaire, excepté dans le cas de la condiction furtive qui est donnée au propriétaire de la chose volée. § 14, 15.

Qu'est-ce qu'une action civile ou prétorienne ? — L'action civile est celle qui a été établie par la loi ; l'action prétorienne, celle qui vient de la jurisdiction du préteur. Nous avons fait connaître l'origine de chacune des actions expliquées jusqu'ici.

Quelle est la troisième division des actions ? — Celle des actions en indemnité, pénales et mixtes. § 16.

Quelles sont les actions en indemnité ? — Ce sont celles par lesquelles on ne demande que ce dont on est privé par l'adversaire, et indépendamment de toute punition. Telles sont toutes les actions réelles, toutes les actions personnelles qui résultent d'un contrat ou d'un quasi-contrat, excepté l'action du dépôt misérable ; et parmi celles qui résultent d'un délit, la condiction furtive. § 17, 18.

Quelles sont les actions pénales ? — Celles qui tendent à punir l'adversaire, indépendamment des indemnités dues au demandeur. Telles sont, dans les actions qui résultent d'un délit, l'action de vol manifeste ou non manifeste. § 18.

Quelles sont les actions mixtes ?— Celles qui tendent à la fois à poursuivre et l'indemnité et la punition ; comme la plupart des actions résultant d'un délit, l'action de dépôt misérable, et celle qui est donnée pour les legs pieux, dans le cas où on ne les acquitte pas volontairement. § 19.

Quelle est la quatrième division des actions ?— En action, au simple, au double, au triple, au quadruple, § 21. Sont au simple toutes les actions en indemnité. § 22.

Les actions pénales vont du simple au quadruple, mais aucune ne va au-delà. § 21, 23, 24, 25.

Une action au simple peut-elle être portée au-delà ? — Il y a certaines actions qui, dans leur nature, ne tendent qu'à une indemnité et par conséquent au simple, mais qui deviennent pénales par la dénégation ou la contumace du débiteur, et sont, dans le premier cas, portées au double, comme celle qui est donnée pour dépôt misérable, pour les legs pieux, et en vertu de la loi *Aquilia ;* dans le second cas, au quadruple, comme l'action *quod metûs causâ.* § 26, 27.

Quelle est la cinquième division des actions ? — Celle des actions de bonne foi, de droit strict, et arbitraires.

(154)

Qu'est-ce qu'une action de bonne foi ? — Celle dans laquelle le juge n'était pas astreint strictement à condamner ou absoudre le défendeur, et pouvait prendre en considération les motifs d'équité. § 30.

Telles sont les actions produites par tous les contrats nommés synallagmatiques, tous les quasi-contrats, excepté le paiement d'une chose non due ; deux contrats innommés, l'échange et le contrat estimatoire ; l'action en pétition d'hérédité, et l'action des reprises de la femme. § 28, 29.

Qu'est-ce qu'une action de droit strict ? — Celle dans laquelle le devoir du juge était tracé par une formule à laquelle il se conformait exactement.

Telles sont toutes les actions, excepté celles qui sont énumérées ci-dessus, et quelques actions arbitraires.

Qu'est-ce qu'une action arbitraire ? — Celle dans laquelle le défendeur n'est condamné qu'autant qu'il ne donne pas les satisfactions ordonnées par le juge et laissées à son arbitraire.

Telles sont les actions publicienne, servienne *ad exhibendum*, et quelques autres semblables. § 31.

Quelle est la sixième division des actions ? — Celle des actions réductibles et non réductibles.

En général le défendeur doit être condamné pour tout ce qui est dû.

Cependant il y a certains cas où l'action ne rapporte qu'une partie de la dette. Tel est le cas où l'on agit sur le pécule d'un fils de famille ou d'un esclave ; celui où la femme réclame sa dot, sur laquelle on peut retenir les dépenses nécessaires ; le cas où il y a lieu à compensation ou à cession de biens ; celui où un père est poursuivi par son fils, un associé par son associé, un donateur à l'occasion de sa donation. § 36, 37, 38, 39, 40.

Quels risques courait le demandeur par les vices de sa demande ? — Autrefois celui qui demandait trop par rapport, soit à la chose même, soit au lieu, soit au temps, soit aux circonstances, perdait son droit.

Aujourd'hui on en est quitte pour le triple du tort qu'il peut avoir causé ; et lorsqu'on a demandé avant le temps, les délais sont doublés. § 33.

Celui qui demande moins le fait sans danger de perdre le surplus. L'erreur sur la chose peut être corrigée dans la même instance. § 34, 35.

TITRE VII.

Des Affaires traitées avec celui qui est sous la puissance d'autrui.

Quelle est la septième division des actions ? — Celle des actions directes et indirectes.

L'action directe est celle qui est donnée contre une personne à raison de ses propres obligations. L'action indirecte est celle que l'on dirige contre une personne à raison des obligations résultant du fait d'un autre.

Combien y a-t-il d'actions indirectes ? — Il y en a six qui sont données contre le maître ou le père, à raison des contrats de l'esclave ou du fils de famille. Ce sont les actions *quod jussu*, exercitoire, institoire, tributoire, l'action du pécule, et l'action *de in rem verso.*

Qu'est-ce que l'action quod jussu ? — C'est l'action donnée contre le père ou le maître, à celui qui a contracté par son ordre avec le fils de famille ou l'esclave.

Cette action est donnée pour la totalité. § 1.

Qu'est-ce que l'action exercitoire et l'action institoire ? — L'action exercitoire est donnée contre l'armateur d'un vaisseau, en vertu des contrats passés avec le capitaine ou celui qui a été substitué par le capitaine, et relativement à l'objet pour lequel ils ont été commis.

L'action institoire est donnée en vertu du contrat passé avec le préposé, et relativement à l'objet pour lequel il a été préposé, contre son commettant. § 2.

Ces actions sont données pour la totalité.

Quelles personnes peut-on préposer ? — On peut commettre ou des esclaves ou des hommes libres, et ces deux actions ont également lieu dans l'un et l'autre cas. § 2.

Qu'est-ce que l'action tributoire ? — C'est l'action donnée aux créanciers qui ont contracté avec un fils de famille ou un esclave, pour forcer le père ou le maître à partager également entr'eux et lui, s'il lui est dû quelque chose, les objets du pécule. § 2.

Qu'est-ce que l'action du pécule ? — C'est l'action donnée à ceux qui ont contracté avec un fils de famille ou un esclave, contre le maître, pour se faire payer jusqu'à concurrence du pécule. § 4.

Et l'action de in rem verso ? — L'action de in rem verso est donnée dans le même cas que l'action du pécule, jusqu'à concurrence du profit que le père ou le maître ont tiré du contrat passé par le fils. § 4.

Quelle différence y a-t-il entre l'action

14

tributoire et l'action du pécule ? — Dans l'action tributoire, le maître et le père ne déduisent point ce qui leur est dû sur le pécule, mais viènent également avec les autres créanciers. § 3.

Dans l'action du pécule, le maître ou le père prélèvent d'abord ce qui leur est dû. § 4.

L'action du pécule embrasse tout le pécule ; l'action tributoire ne s'exerce que sur la partie du pécule mise dans le commerce. Ces différences font que l'on a, suivant les circonstances, intérêt d'agir tantôt par l'une, tantôt par l'autre action. § 5.

Les actions indirectes sont-elles données par la loi civile ? — Non ; elles viènent toutes de la jurisdiction du préteur. § 1, 2, 3.

Cependant, au lieu des actions *quod jussu, de in rem verso*, exercitoire, institoire, on peut aussi agir directement par condiction contre les mêmes personnes. § 8.

Les mêmes règles sont-elles applicables aux contrats passés avec les esclaves et avec les fils de famille ? — Oui, sauf une exception particulière au prêt de consommation ; car, d'après le sénatus-consulte macédonien, le prêt fait à un fils de famille ne pouvait donner lieu à aucune action ni contre le père ni contre le fils. *Pr.* § 6, 7.

TITRE VIII.

Des Actions noxales.

Qu'est-ce qu'une action noxale ? — Celle qui est donnée contre le maître pour le délit de son esclave. *Pr.*

Comment le maître peut-il se libérer ? — Il a le choix, ou de payer, ou d'abandonner l'esclave. *Pr.*

Quel est l'effet de l'abandon ? — D'aliéner l'esclave qui peut acquérir la liberté en réparant le dommage. § 3.

Par quoi ont été établies les actions noxales ? — Par la loi des douze tables pour le vol ; par la loi *Aquilia* pour le dommage causé à tort ; par le droit prétorien, pour les injures et le rapt. § 4.

Contre qui s'exerce l'action noxale ? — Elle suit la tête de l'esclave , et s'exerce contre tous les maîtres sous la puissance desquels il passe, contre lui-même, lorsqu'il est affranchi. § 5.

Pour les délits de quel esclave peut être exercée l'action noxale ? — Pour les délits de l'esclave d'autrui, et l'action s'éteint lorsque nous acquérons l'esclave délinquant. § 6.

En est-il des fils de famille comme des

esclaves ? — Autrefois on avait aussi l'action noxale pour les délits des fils de famille ; aujourd'hui le fils de famille est poursuivi directement. § 7.

TITRE IX.

Si un Quadrupède a causé quelque dégât.

Qu'est-ce que le dégât ? — C'est le dommage causé sans aucun tort de celui qui l'a fait ; c'est-à-dire, par un animal sans discernement. *Pr.*

A quelle action donne-t-il lieu ? — A l'action de dégât, indirecte contre le maître ; qui peut se libérer en abandonnant l'animal. *Pr.*

Dans quel cas a-t-elle lieu ? — Lorsque le dégât a été causé par un animal, contre le caractère naturel de son espèce. *Pr.*

Peut-on avoir tels animaux que l'on veut ? — Il est défendu par les édiles d'avoir ni chien, ni verrat, ni sanglier, ni ours, ni lion, près des lieux qui servent habituellement au passage. § 1.

Quelle peine encourrait-on ? — Une peine arbitraire, lorsqu'il en sera résulté quelque accident envers un homme libre ; dans les autres cas, le double du dommage causé, sans préjudice de l'action noxale. § 1.

TITRE X.

De Ceux par qui nous pouvons agir.

Par qui peut-on agir? — On peut agir, ou en son propre nom, ou au nom d'autrui; au nom d'autrui, en qualité de tuteur, de curateur, de procureur. *Pr.*

Comment se constitue le procureur? — De telle manière que l'on veut, sans paroles solennelles, en l'absence et même à l'insçu de l'adversaire. § 1.

TITRE XI.

Des Cautions.

Quelles cautions les parties devaient-elles se donner dans l'ancien droit? — Dans les actions réelles, celui qui agissait en son nom, n'avait aucune caution à donner; celui qui agissait au nom d'un autre donnait caution *que le maître ratifierait.*

Le défendeur donnait la caution *judicatum solvi;* c'est-à-dire, caution de payer ce à quoi il serait condamné, faute par lui de restituer la chose. Son procureur donnait en outre caution *que le maître ratifierait Pr.*

Dans les actions personnelles, il n'y avait point d'autre différence, si ce n'est que le défendeur même, et non son procureur, était dispensé de la caution *judicatum solvi.* § 1.

Ces règles ne sont plus les mêmes. § 2.

Quelles cautions doit-on donner d'après le nouveau droit ? — Le défendeur, dans les actions, soit réelles, soit personnelles, n'est pas tenu à la caution *judicatum solvi*, mais seulement à donner caution de rester en cause jusqu'à la fin de l'instance.

On se contente même de son serment, ou de sa simple promesse, suivant la qualité des personnes. § 2.

A quelle caution sont tenus les procureurs ? — Celui du demandeur est tenu à la caution *que le maître ratifiera*, à moins qu'il n'ait un mandat authentique, ou que le maître ne se présente lui-même pour confirmer son procureur. § 3.

Quant au procureur du défendeur, il n'est jamais admis sans caution. § 5.

Lorsque le défendeur est présent, il peut se porter lui-même caution de son procureur, soit judiciairement, soit extrajudiciairement. Il doit en outre donner caution de se présenter lui-même lors de la prononciation du jugement. § 4.

TITRE XII.

Des Actions perpétuelles et temporelles, et de celles qui passent aux héritiers et contre les héritiers.

Combien de temps durent les actions ? — Les actions civiles étaient autrefois perpétuelles. Les constitutions des princes ont ensuite fixé des termes pour la prescription des actions, tant réelles que personnelles. *Pr.*

Le terme le plus ordinaire est de trente ans ; et celles qui ne se prescrivent que par cet espace, se nomment encore *perpétuelles*.

Les actions prétoriennes durent pendant un an, comme les fonctions même du préteur. Il faut en excepter l'action de vol manifeste et quelques autres. *Pr.*

Contre qui sont données les actions ? — Ordinairement contre la personne obligée, et contre ses héritiers.

Cependant les héritiers ne sont point soumis aux actions pénales résultant des délits du défunt, ni aux actions qui dans les contrats sont données pour le dol du défunt, lorsque l'héritier n'en a point profité. § 1.

Les actions d'une personne passent-elles toujours à ses héritiers ? — Oui , excepté l'action d'injures et autres semblables. Mais toute action, une fois contestée, peut être

poursuivie par l'héritier et contre l'héritier.
§ 1.

TITRE XIII.

Des Exceptions.

Qu'est-ce qu'une exception ? — Le moyen de repousser l'effet d'une action que l'on a contre nous. *Pr.*

Dans quel cas peut-on repousser une action par une exception ? — Lorsque l'on a contre nous une action conforme à la loi civile, mais cependant contraire à l'équité. Par exemple, lorsqu'on s'est obligé par erreur, par crainte, ou par dol, et dans une infinité d'autres cas. § 1, 2, 3, 4, 5 et 6.

Comment se divisent les exceptions ? — D'après leur origine, en civiles et prétoriennes. § 7.

D'après leur effet, en péremptoires et dilatoires. § 8.

Les exceptions péremptoires sont celles qui périment l'action ; c'est-à-dire, la font rejeter pour toujours. § 9.

Les exceptions dilatoires ne font rejeter l'action que pour un certain temps. § 10.

TITRE XIV.

Des Répliques.

Qu'est-ce qu'une réplique ? — Le moyen

de détruire l'effet d'une exception qui, au premier aspect, paraît juste, quoique contraire à l'équité. *Pr.*

Peut-on aussi repousser la réplique ? — Oui. La réplique, comme l'exception, et dans les mêmes cas, peut être repoussée par une nouvelle allégation, que l'on appèle *duplique*; la duplique, par une triplique, etc. § 1, 2 et 3.

A qui sont données les exceptions ? — Elles sont données non-seulement au défendeur lui-même, mais aussi aux fidéjusseurs: excepté celles qui résultent d'un privilége personnel au débiteur, comme l'exception tirée de la cession des biens et autres semblables. § 4.

TITRE XV.

Des Interdits.

Qu'est-ce qu'un interdit ? — Autrefois les interdits étaient des formules par lesquelles le préteur ordonnait ou défendait quelque chose, surtout lorsqu'il y avait contestation entre quelques personnes sur la possession ou la quasi-possession. *Pr.*

Il s'agit moins ici des interdits que des actions qui s'exercent à leur place. Dans ce sens, les interdits sont des actions par lesquelles on agit relativement à la possession.

Comment se divisent les interdits? — Il y a trois divisions des interdits. La principale est celle des interdits prohibitoires, restitutoires, ou exhibitoires. § 1.

Quelle est la différence de ces interdits? —Par les premiers, le préteur défend de faire une chose ; par les seconds, il ordonne de la restituer ; par le dernier, de l'exhiber. § 1.

Quelle est la seconde division des interdits? — Elle consiste en ce que les uns tendent à acquérir, les uns à retenir, les autres à recouvrer la possession. § 2.

Quels sont les interdits que l'on donne pour acquérir la possession? — Les interdits *quorum bonorum*, et Salvien.

L'interdit *quorum bonorum* est donné au possesseur de biens, contre ceux qui détiènent l'hérédité, ou les objets de l'hérédité, comme héritiers ou comme possesseurs ; afin d'entrer pour la première fois en possession. § 3.

L'interdit Salvien est donné au bailleur du fonds pour avoir la possession des objets affectés par le preneur à la sûreté des fermages. § 3.

Quels interdits donne-t-on pour conserver la possession? — Les interdits *uti possidetis* et *utrubi*.

L'un et l'autre sont donnés à celui qui, au moment de la contestation, est en posses-

sion publique, paisible , non précaire à
l'égard de son adversaire; le premier pour
les immeubles ; le second pour les meubles.
§ 4.

Quel est l'avantage de la possession ? —
En ce que celui qui possède n'a rien à prouver ; et que quand même la chose ne serait
pas à lui, cependant elle lui resterait, si le
demandeur ne prouvait pas qu'elle est à lui.
§ 4.

Par qui possède-t-on ? — Non-seulement
par soi-même ; mais encore par tous ceux
qui détiennent en notre nom, comme un lo-
cataire, un dépositaire, etc.

La possession se conserve même par la
seule intention ; mais l'intention ne suffit pas
pour l'acquérir. § 5.

*Quelle est la troisième division des in-
terdits ?* — En simples et doubles.

Les simples sont ceux dans lesquels l'un
est demandeur et l'autre défendeur, comme
tous les interdits restitutoires ou exhibitoires.

Les doubles sont ceux dans lesquels il n'y
a à proprement parler, ni demandeur, ni
défendeur, chaque partie étant à la fois l'un
et l'autre ; tels sont parmi les interdits prohibitoires, les interdits *uti possidetis* et *utrubi*.
§ 5.

TITRE XVI.

De la Punition des Plaideurs téméraires.

Comment réprime-t-on la témérité des plaideurs ? — De trois manières ; par des peines pécuniaires ; par le serment ; par la crainte de l'infamie. *Pr.*

Quelles sont les peines pécuniaires ? — Il y a certains cas où, comme nous l'avons vu, la condamnation monte au double, et même au quadruple contre ceux qui ont contesté.

En général, la partie condamnée, est obligée de payer à l'autre les dépens du procès. § 1.

A qui et sur quoi défère-t-on le serment? — Aux parties et leurs avocats ; chacun est forcé de jurer qu'il croit sa cause juste, et qu'il plaide de bonne foi. § 1.

Dans quel cas encourt-on l'infamie ? — Lorsqu'on est condamné sur les actions de vol, de rapt, d'injures, de dol, *pro socio*, et sur les actions directes de tutèle, de mandat, de dépôt. § 2.

TITRE XVII.

De l'Office du Juge.

Comment le juge doit-il juger? — La

règle générale sur les devoirs du juge, est qu'il doit porter son jugement d'après les lois, les constitutions et les usages reçus. *Pr.*

Il doit ensuite observer différentes règles qui varient suivant la nature des actions. § 1, 2, 3, 4, 5 et 6.

TITRE XVIII.

Des Procédures publiques.

Qu'est-ce qu'une procédure publique? — Celle dont la poursuite appartient à chaque citoyen. § 1.

Elles diffèrent de celles dont nous avons parlé jusqu'ici, par la manière de les établir et de les suivre. *Pr.*

Comment se divisent-elles ? — En crimes capitaux, et non capitaux. Les crimes capitaux sont ceux contre lesquels la loi établit la peine de mort, la condamnation aux mines, ou la déportation. Tous les autres sont non capitaux. § 2.

Combien y a-t-il de crimes capitaux ? — Il y en a huit; savoir: le crime de lèse-majesté, qui est puni par la loi *Julia Majestatis.* § 3.

L'adultère, et autres amours illicites, par la loi *Julia de Adulteriis.* § 4.

15

L'homicide, par la loi *Cornelia de Sicariis*. § 5.

Le parricide, par la loi *Pompeia*. § 6.

Le faux, par la loi *Cornelia de falsis*. § 7.

La violence, par la loi *Julia de vi public et privatâ*. § 8.

Le péculat, par la loi *Julia peculatûs* § 9.

Enfin, dans certains cas, le plagiat, par l loi *Fabia*. § 10.

Quels sont les crimes non capitaux? Il y en a quatre indiqués dans ce titre ; sa voir : la brigue, les concussions, les ac caparements de vivres, la distraction de deniers publics. § 11.

FIN.

APPENDICE.

XPOSÉ DES NOVELLES 118 et 127

*Sur les successions ab intestat ; et sur
la tutèle légitime.*

PRÉFACE.

*Quels sont les divers ordres de succession
établis par la Novelle 118 ?* — Il y en a
trois ; le premier est celui des descendants ;
le second, celui des ascendants ; le troisième,
celui des collatéraux.

CHAPITRE I.

Comment succèdent les descendants ? —
A l'exclusion de tous autres ; sans distinction
de sexe ni d'émancipation.

Ils viènent par tête, lorsqu'ils sont tous
au premier degré.

Si un enfant du premier degré prédécède,
et laisse des enfants ; ceux-ci le représentent.

CHAPITRE II.

Comment succèdent les ascendants ? —
A défaut d'aucun descendant.

Par ordre de proximité, le plus proche
excluant le plus éloigné.

Lorsqu'ils sont au même degré, la succession se partage pour moitié entre les ascendants paternels et maternels, quel que soit
leur nombre dans chaque ligne.

*N'admet-on aucuns collatéraux en con-
cours avec les ascendants ?* — Les frères et
sœurs germains du défunt.

Dans ce cas, lorsque le père de famille,
concourt avec l'enfant qu'il a sous sa puissance, il n'a point l'usufruit de la portion
qui revient à celui-ci dans la succession fra-
ternelle.

*Les enfants des frères et sœurs germains
sont-ils admis en concours avec les ascendants ?* — D'après la Novelle 118, ils n'y
étaient jamais admis.

Mais, d'après la Novelle 127, chap. 1,
lorsque le défunt a laissé des ascendants,
des frères ou sœurs germains, et des fils ou
filles de frères et sœurs germains prédécédés ; ceux-ci peuvent concourir, et prendre dans la succession la part qu'auraient
eue leur père ou mère.

CHAPITRE III.

Qui est-ce qui succède à défaut d'ascendant? — D'abord les frères et sœurs germains, et leurs fils ou filles à l'exclusion des autres frères ou sœurs.

A défaut de frères ou sœurs germains, et de leurs fils ou filles, les frères et sœurs consanguins ou utérins, leurs fils ou filles à l'exclusion des autres collatéraux.

Comment les fils ou filles de frères et sœurs prédécédés succèdent-ils? — Pour la part et avec les mêmes droits qu'auraient eue leur père ou mère. De cette manière ils excluent toujours les oncles du défunt.

Ce bénéfice de représenter ses père et mère prédécédés, n'est accordé qu'au fils et fille de frères et sœurs, et non pas à leurs petits-enfants. *Pr.*

Comment succèdent les autres collatéraux? — A défaut d'ascendant, de frères et sœurs, ou de leurs fils et filles.

Le plus proche exclut les plus éloignés. Les parents au même degré partagent par tête. *§* 1.

CHAPITRE IV.

Distingue-t-on encore les agnats et les cognats? — Non. Les uns et les autres succèdent sans aucune distinction.

CHAPITRE V.

A qui est déférée la tutèle légitime? —
Aux parents qui, d'après la Novelle 118,
sont héritiers présomptifs; excepté les femmes, les mineurs et les cas d'excuses.

Cet ordre est-il observé sans exception?
— Non, il y a une exception à l'égard de la
mère et de l'aïeule.

Elles sont admises à la tutèle comme à la
succession, de préférence même aux collatéraux qui succéderaient avec elles; pourvu
qu'elles renoncent aux secondes noces et au
secours du sénatus-consulte Velléien.

———

NOTA. Le texte des Novelles 118 et 127,
se trouve dans la nouvelle traduction des
Institutes. Un volume in-12, à Paris, chez
AUDIBERT, rue de la Colombe, en la Cité,
n° 4.

DE L'IMPRIMERIE DE C.-F. PATRIS,
RUE DE LA COLOMBE, N° 4, EN LA CITÉ.

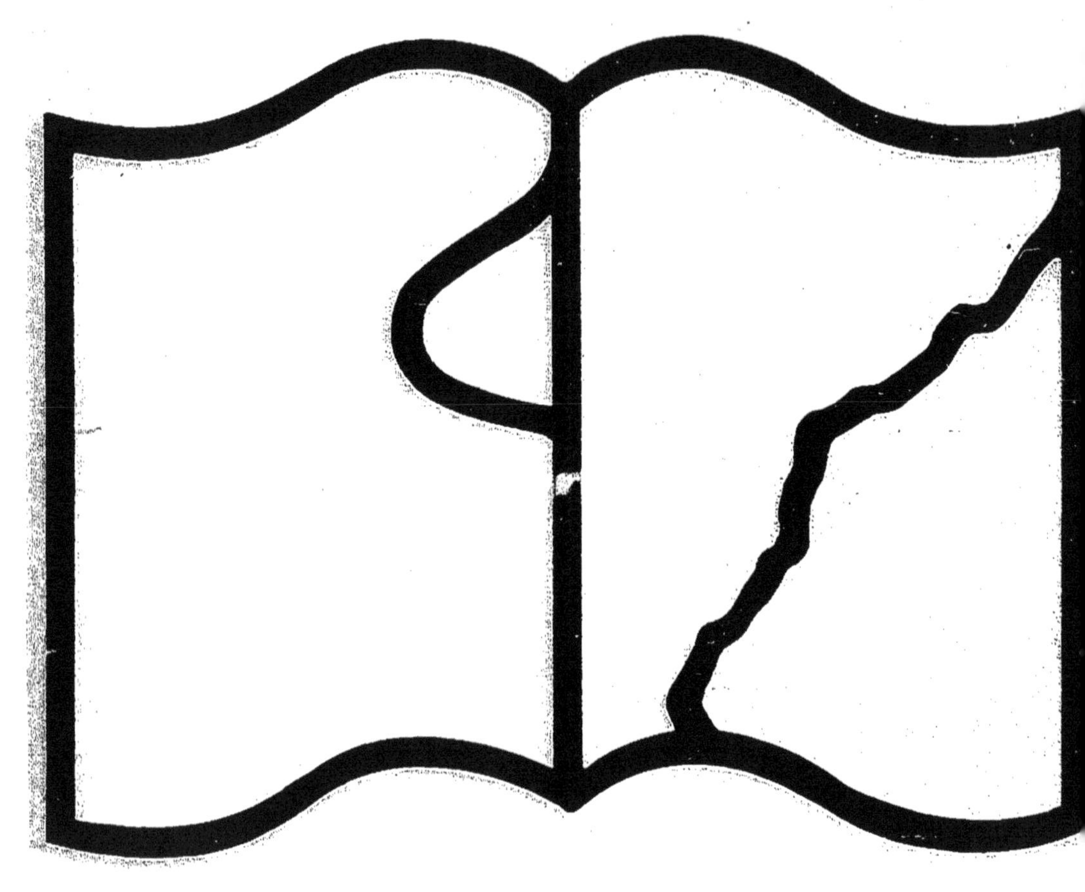

Texte détérioré — reliure défectueuse

NF Z 43-120-11

Contraste insuffisant

NF Z 43-120-14

www.ingramcontent.com/pod-product-compliance
Ingram Content Group UK Ltd.
Pitfield, Milton Keynes, MK11 3LW, UK
UKHW020831120726
13693UKWH00002B/598